Utilize este código QR para se cadastrar de forma mais rápida:

Ou, se preferir, entre em:

www.moderna.com.br/ac/livroportal

e siga as instruções para ter acesso aos conteúdos exclusivos do Portal e Livro Digital

CÓDIGO DE ACESSO:

A 00001 BURMALF3E 1 84246

Faça apenas um cadastro. Ele será válido para:

Aluno 2000
240000124

Da semente ao livro,
sustentabilidade por todo o caminho

Plantar florestas
A madeira que serve de matéria-prima para nosso papel vem de plantio renovável, ou seja, não é fruto de desmatamento. Essa prática gera milhares de empregos para agricultores e ajuda a recuperar áreas ambientais degradadas.

Fabricar papel e imprimir livros
Toda a cadeia produtiva do papel, desde a produção de celulose até a encadernação do livro, é certificada, cumprindo padrões internacionais de processamento sustentável e boas práticas ambientais.

Criar conteúdos
Os profissionais envolvidos na elaboração de nossas soluções educacionais buscam uma educação para a vida pautada por curadoria editorial, diversidade de olhares e responsabilidade socioambiental.

Construir projetos de vida
Oferecer uma solução educacional Moderna é um ato de comprometimento com o futuro das novas gerações, possibilitando uma relação de parceria entre escolas e famílias na missão de educar!

Taciro Comunicação, Alexandre Santana e Estúdio Pingado

Apoio:

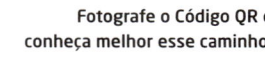

Fotografe o Código QR e conheça melhor esse caminho.
Saiba mais em *moderna.com.br/sustentavel*

ALFABETIZAÇÃO 1

Organizadora: Editora Moderna
Obra coletiva concebida, desenvolvida e produzida pela Editora Moderna.

Editora responsável:
Tais Freire Rodrigues

Propostas didáticas que promovem o desenvolvimento de habilidades essenciais de leitura e escrita e a compreensão de conhecimentos elementares de Matemática, importantes para o futuro processo de alfabetização formal.

1ª edição

© Editora Moderna, 2021

Elaboração dos originais

Danielle Andrade Silva de Castro
Bacharela em Psicologia pela Universidade Federal de Juiz de Fora e mestra em Ciências pela Universidade de São Paulo.

Gabriela Guarnieri Mendes
Licenciada em Pedagogia pela Universidade de São Paulo e mestra em Ciências pela Universidade de São Paulo. Especialista em Psicopedagogia Clínica e Institucional pelo Centro Universitário Barão de Mauá. Especialista em Neuropsicopedagogia e Educação Especial Inclusiva pela Faculdade Estadual de Educação, Ciências e Letras de Paranavaí.

Grazielle Gomes da Veiga
Bacharela em Comunicação Social (Editoração) pela Universidade de São Paulo.

Nathalia de Oliveira Matsumoto
Bacharela em Letras (Português) pela Universidade de São Paulo.

Regina Braz Rocha
Bacharela e licenciada em Letras (Português e Inglês) pelo Centro Universitário Fundação Instituto de Ensino para Osasco. Mestra e doutora em Linguística Aplicada e Estudos da Linguagem pela Pontifícia Universidade Católica de São Paulo.

Selene Coletti
Licenciada em Pedagogia pela Faculdade de Filosofia, Ciências e Letras "Prof. José Augusto Vieira" e especialista em Gestão para o Sucesso Escolar pelo Instituto de Protagonismo Jovem e Educação – Protagonistés e Instituto Gestão Educacional, em parceria com o Centro Universitário Hermínio Ometto – Uniararas.

Sylvia Domingos Barrera
Bacharela em Psicologia pela Universidade de São Paulo, mestra e doutora em Psicologia Escolar e do Desenvolvimento Humano pela Universidade de São Paulo.

Tatiana Corrêa Pimenta
Bacharela em Comunicação Social (Editoração) pela Universidade de São Paulo.

Coordenação editorial: Tais Freire Rodrigues
Edição de texto: Grazielle Gomes da Veiga, Nathalia de Oliveira Matsumoto
Gerência de *design* e produção gráfica: Everson de Paula
Coordenação de produção: Patricia Costa
Gerência de planejamento editorial: Maria de Lourdes Rodrigues
Coordenação de *design* e projetos visuais: Marta Cerqueira Leite
Projeto gráfico: Tatiane Porusselli
Capa: Bruno Tonel, Daniela Cunha, Tatiane Porusselli
 Ilustração: Daniel Cabral
Coordenação de arte: Denis Torquato
Edição de arte: Cristiane Cabral
Editoração eletrônica: Select Editoração
Coordenação de revisão: Elaine C. del Nero
Revisão: Ana Cortazzo, Márcia Leme, Nancy H. Dias, Sandra G. Cortés
Coordenação de pesquisa iconográfica: Luciano Baneza Gabarron
Pesquisa iconográfica: Márcia Mendonça, Renata Martins
Coordenação de *bureau*: Rubens M. Rodrigues
Tratamento de imagens: Ademir Francisco Baptista, Joel Aparecido, Luiz Carlos Costa, Marina M. Buzzinaro, Vânia Aparecida M. de Oliveira
Pré-impressão: Alexandre Petreca, Everton L. de Oliveira, Fabio Roldan, Marcio H. Kamoto, Ricardo Rodrigues, Vitória Sousa
Coordenação de produção industrial: Wendell Monteiro
Impressão e acabamento: PlenaPrint
Lote: 295869

Dados Internacionais de Catalogação na Publicação (CIP)
(Câmara Brasileira do Livro, SP, Brasil)

Buriti mirim alfabetização 1 / organizadora Editora Moderna ; obra coletiva concebida, desenvolvida e produzida pela Editora Moderna ; editora responsável Tais Freire Rodrigues. -- 1. ed. -- São Paulo : Moderna, 2021.

ISBN 978-85-16-12882-1 (aluno)
ISBN 978-85-16-12883-8 (professor)

1. Alfabetização (Educação infantil)
I. Rodrigues, Tais Freire.

21-72595   CDD-372.21

Índices para catálogo sistemático:

1. Alfabetização : Educação infantil 372.21

Maria Alice Ferreira - Bibliotecária - CRB-8/7964

Reprodução proibida. Art. 184 do Código Penal e Lei 9.610 de 19 de fevereiro de 1998.
Todos os direitos reservados
EDITORA MODERNA LTDA.
Rua Padre Adelino, 758 – Belenzinho
São Paulo - SP - Brasil - CEP 03303-904
Vendas e Atendimento: Tel. (0_ _11) 2602-5510
Fax (0_ _11) 2790-1501
www.moderna.com.br
2021
Impresso no Brasil

1 3 5 7 9 10 8 6 4 2

MEU LIVRO

ESTE LIVRO SERÁ SEU COMPANHEIRO AO LONGO DO ANO TODO. COM ELE, VOCÊ SERÁ APRESENTADO AO MUNDO DAS LETRAS E DOS NÚMEROS. PARA COMEÇAR, PEÇA AJUDA AO SEU PROFESSOR E ESCREVA SEU NOME NO ESPAÇO ABAIXO.

ESPERAMOS QUE A SUA AVENTURA PELA APRENDIZAGEM SEJA MUITO DIVERTIDA!

AS EDITORAS

MEU NOME É:

_____

SUMÁRIO

UNIDADE 1 6

CRIANÇA NÃO TRABALHA 6
  Letra de canção

DIREITOS DAS CRIANÇAS 8
  Traçado de grafismos

CONHECENDO O ALFABETO 9
  Alfabeto; letra inicial; nome próprio

**NOMES QUE COMEÇAM COM
A MESMA LETRA** 10
  Letra inicial; traçado de grafismos; direita e esquerda

AS LETRAS DO MEU NOME 11
  Alfabeto; traçado da primeira letra do nome

REUNIÃO DE FAMÍLIA 12
  Muito, pouco e nenhum

ROTINA 13
  Dia e noite

NA ESCOLA 14
  Contagem; perto e longe

A BRINCADEIRA FAVORITA DA TURMA 15
  Construção e interpretação de gráfico

CIRCUITO DE BAMBOLÊS 16
  Identificação e continuação de sequência

GUARDANDO OS MATERIAIS 17
  Maior e menor

UNIDADE 2 18

RECEITA DE ESPANTAR A TRISTEZA 18
  Poema

MELHOR AMIGO 20
  Traçado de grafismos

PALAVRAS DE CARINHO 21
  Segmentação de frases em palavras; contagem

CONTANDO AS PALAVRAS 22
  Segmentação de frases em palavras; contagem

MOMENTOS FELIZES 23
  Segmentação de frases em palavras; contagem

AS SÍLABAS 24
  Segmentação de palavras em sílabas; contagem

COMO ME SINTO... 25
  Segmentação de palavras em sílabas; contagem

LINHA RETA E LINHA CURVA 26
  Linha reta e linha curva; traçado de grafismo

LINHA ABERTA E LINHA FECHADA 27
  Linha aberta e linha fechada

FIGURAS GEOMÉTRICAS 28
  Figuras geométricas planas; linha aberta e linha fechada, linha reta e linha curva

CAMARIM 29
  Figuras geométricas planas

COMPOSIÇÃO 30
  Figuras geométricas planas

SEQUÊNCIA DE FIGURAS GEOMÉTRICAS ... 31
  Identificação e continuação de sequência; figuras geométricas planas

UNIDADE 3 32

CACHINHOS DOURADOS 32
  História em quadrinhos

A TIGELA DE CADA URSO 36
  Pequeno, médio e grande

COMPARANDO ALTURAS 37
  Alto e baixo

QUENTE OU FRIO? 38
  Quente e frio; direita e esquerda

OS NÚMEROS DE 0 A 4 39
  Números de 0 a 4; identificação de quantidade

QUANTOS BISCOITOS? 40
  Identificação de quantidade

AS LETRAS A, E, I, O, U 41
  Vogais; nome próprio

QUAL É A LETRA INICIAL? 42
  Vogais, traçado de grafismo

QUAL É O SOM INICIAL? 43
  Vogais

UNIDADE 4 44

A CIGARRA E AS FORMIGAS 44
  Fábula

NO VERÃO 46
  Construção e interpretação de gráfico; em cima e embaixo; identificação de quantidade

ANTES E DEPOIS 47
  Antes e depois

QUANTAS FLORES? 48
  Identificação de quantidade

OS NÚMEROS DE 5 A 9 49
  Números de 5 a 9; identificação de quantidade

DENTRO E FORA 50
  Dentro e fora

QUANTOS ANIMAIS? 51
  Identificação de quantidade

A LETRA... 52
　Letra A

MECANISMOS DE SOBREVIVÊNCIA 54
　Letra A; poema

ONDE VIVEM OS ANIMAIS? 55
　Traçado de grafismos, letra A

UNIDADE 5 56

UM ELEFANTE INCOMODA MUITA GENTE ... 56
　Letra de cantiga

NÚMERO 10 58
　Número 10; identificação de quantidade

ELEFANTE COLORIDO 59
　Identificação de quantidade

PESADO E LEVE 60
　Pesado e leve; direita e esquerda

CURTO E LONGO 61
　Curto e longo

QUEBRA-CABEÇA 62
　Resolução de quebra-cabeça

À FRENTE, ENTRE E ATRÁS 63
　À frente, entre e atrás

A LETRA... 64
　Letra E

O QUE É, O QUE É? 66
　Letra E; adivinha

QUE ANIMAL É ESTE? 67
　Traçado de grafismo

UNIDADE 6 68

A BELA ADORMECIDA 68
　Conto de fadas

MEU NASCIMENTO 72
　Dia, mês e ano; nome próprio

QUANTAS VELAS? 73
　Identificar quantidade

MÊS DO ANIVERSÁRIO 74
　Construção e interpretação de gráfico;
　identificação de quantidade

PASSADO, PRESENTE E FUTURO 75
　Passado, presente e futuro

A LETRA... 76
　Letra I

ENCONTRE A LETRA I 78
　Letra I

**POEMA TODO BRANCO COM UM
PONTINHO MARROM** 79
　Traçado de grafismo, letra I

UNIDADE 7 80

IAUARETÊ E O JABUTI 80
　Fábula

CORRENDO PELA FLORESTA 83
　Primeiro e último; rápido e lento

QUANTAS JABUTICABAS? 84
　Identificação de quantidade

COMPARANDO ÁRVORES 85
　Fino e grosso; alto e baixo

CONTINUE A SEQUÊNCIA 86
　Identificação e continuação de sequência

DEZENA 87
　Dezena

A LETRA... 88
　Letra O

UM BICHO PARA LÁ DE ESQUISITO 90
　Letra O; texto informativo

RUMO AO TERMINAL 91
　Traçado de grafismo; letra O

UNIDADE 8 92

A TROMBA DO ELEFANTE 92
　Fábula

AJANAKU PRECISA DE AJUDA! 94
　Identificação e continuação de sequência;
　identificação de quantidade

CAMALEÃO 95
　Identificação de quantidade; parlenda

DIREITA E ESQUERDA 96
　Direita e esquerda; perto e longe

QUANTAS BOLAS? 97
　Identificação de quantidade; dezena

A LETRA... 98
　Letra U

ENCONTRE A LETRA U 100
　Letra U

DE VOLTA AO NINHO 101
　Traçado de grafismo; letra U

REFERÊNCIAS BIBLIOGRÁFICAS 102

MATERIAL DE APOIO 103

UNIDADE 1

CRIANÇA NÃO TRABALHA

LÁPIS, CADERNO, CHICLETE, PIÃO,
SOL, BICICLETA, *SKATE*, CALÇÃO,
ESCONDERIJO, AVIÃO, CORRERIA,
TAMBOR, GRITARIA, JARDIM, CONFUSÃO.

BOLA, PELÚCIA, MERENDA, *CRAYON*,
BANHO DE RIO, BANHO DE MAR,
PULA SELA, BOMBOM,
TANQUE DE AREIA, GNOMO, SEREIA,
PIRATA, BALEIA, MANTEIGA NO PÃO.

GIZ, MERTHIOLATE, BAND-AID, SABÃO,
TÊNIS, CADARÇO, ALMOFADA, COLCHÃO,
QUEBRA-CABEÇA, BONECA, PETECA,
BOTÃO, PEGA-PEGA, PAPEL, PAPELÃO.

CRIANÇA NÃO TRABALHA,
CRIANÇA DÁ TRABALHO!
CRIANÇA NÃO TRABALHA!

[...]

ARNALDO ANTUNES E PAULO TATIT. CRIANÇA NÃO TRABALHA. *CANÇÕES CURIOSAS*. SÃO PAULO: MDC, 1998.

- Você gostou da letra da canção? Por quê?
- Há alguma palavra na letra da canção cujo significado você não entendeu? Converse a respeito com os colegas.
- Para você, o que significa ser criança? O que uma criança faz?

GLOSSÁRIO

BAND-AID: CURATIVO.

CALÇÃO: PEÇA DE ROUPA USADA PELAS PESSOAS.

CRAYON: PALAVRA ESTRANGEIRA QUE SIGNIFICA GIZ DE CERA.

MERTHIOLATE: MEDICAMENTO.

DIREITOS DAS CRIANÇAS

TODA CRIANÇA TEM O DIREITO DE TER UM NOME.

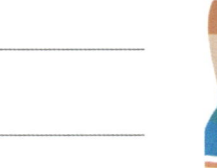

TODA CRIANÇA TEM O DIREITO DE VIVER COM UMA FAMÍLIA.

TODA CRIANÇA TEM O DIREITO DE FREQUENTAR UMA ESCOLA.

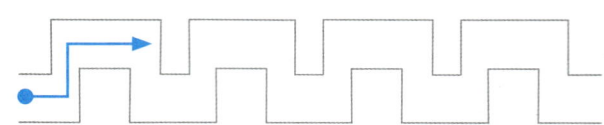

TODA CRIANÇA TEM O DIREITO DE BRINCAR E SE DIVERTIR.

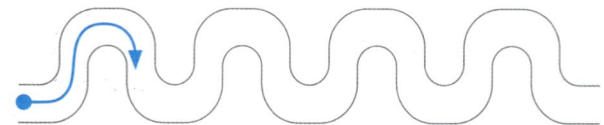

- Ouça os textos que o professor vai ler e conheça alguns direitos das crianças.
- Você acha os direitos apresentados importantes? Por quê?
- Siga as setas e ligue cada criança a uma cena.

ILUSTRAÇÕES: MILA HORTENCIO

CONHECENDO O ALFABETO

O ALFABETO DA LÍNGUA PORTUGUESA É FORMADO POR 26 LETRAS. VAMOS CONHECÊ-LAS? ACOMPANHE A LEITURA DO PROFESSOR.

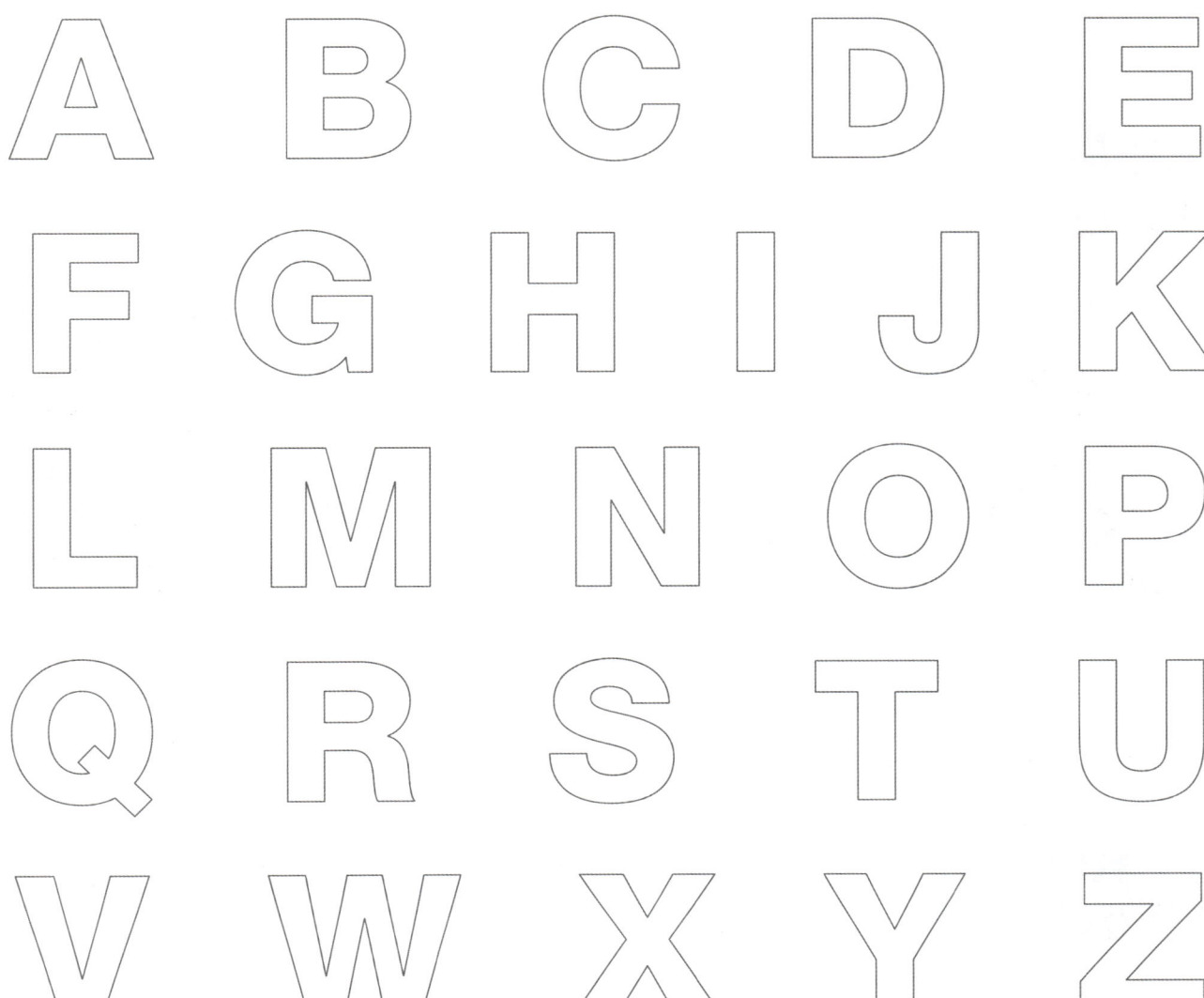

- O professor vai escrever o seu nome nesta página.
- Observe a primeira letra de seu nome, encontre-a no alfabeto e depois pinte-a.
- O nome de algum colega começa com a mesma letra que o seu?

NOMES QUE COMEÇAM COM A MESMA LETRA

OBSERVE OS BRINQUEDOS ABAIXO. VAMOS DESCOBRIR O NOME DE CADA UM DELES?

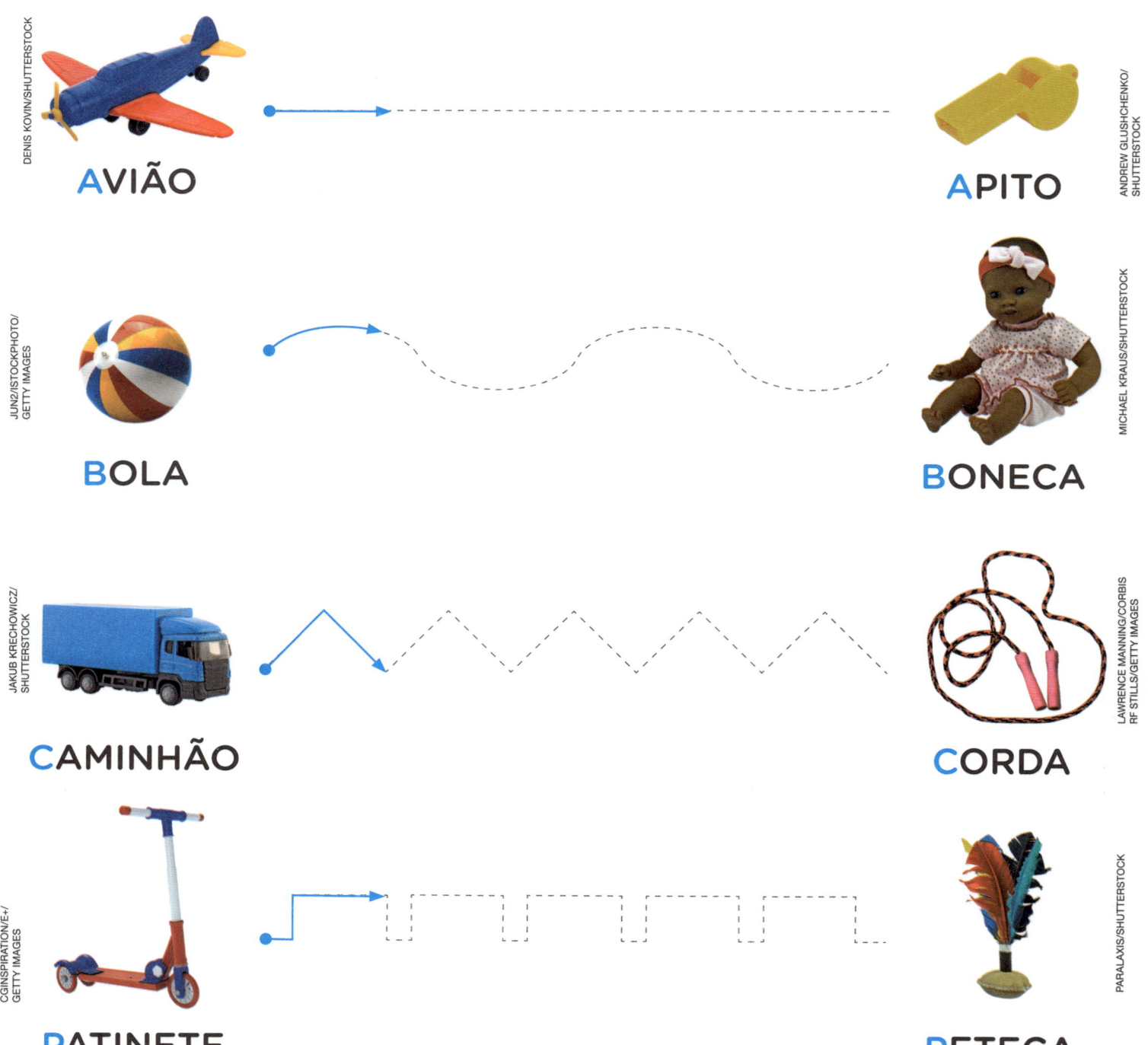

- Com que letra começa o nome de cada um desses brinquedos?
- Siga as setas e ligue o brinquedo da **esquerda** ao brinquedo da **direita** cujo nome começa com a mesma letra.

AS LETRAS DO MEU NOME

CIRCULE NO ALFABETO AS LETRAS QUE FAZEM PARTE DO SEU NOME.

A B C D E
F G H I J K
L M N O P
Q R S T U
V W X Y Z

- Escreva a primeira letra do seu nome no quadro.
- Você sabe o nome da letra que você escreveu?

REUNIÃO DE FAMÍLIA

OBSERVE A CENA. O QUE VOCÊ ACHA QUE AS PESSOAS DESTA FAMÍLIA ESTÃO FAZENDO?

- Em qual ambiente dessa casa há **muitas** pessoas?
- Em qual ambiente há **poucas** pessoas?
- Há algum ambiente em que não há **nenhuma** pessoa?

ROTINA

OBSERVE AS IMAGENS E ACOMPANHE A LEITURA QUE O PROFESSOR VAI FAZER SOBRE A ROTINA DE ADRIANO.

ADRIANO ACORDA, TOMA O CAFÉ DA MANHÃ E ENTÃO O SEU PAI O LEVA ATÉ A ESCOLA.

DEPOIS DE VOLTAR DA ESCOLA, ADRIANO GOSTA DE BRINCAR COM A SUA IRMÃ.

DEPOIS QUE OS PAIS DE ADRIANO CHEGAM DO TRABALHO, A FAMÍLIA JANTA REUNIDA.

ANTES DE DORMIR, ADRIANO GOSTA DE OUVIR AS HISTÓRIAS QUE SUA MÃE CONTA.

- Pinte as cenas que mostram as atividades que Adriano faz durante o **dia**.
- Quais são as atividades que você faz durante o **dia**? Há alguma atividade que você só faz à **noite**?
- Assinale a cena que mostra uma atividade da rotina de Adriano que você também costuma fazer.

13

NA ESCOLA

O QUE VOCÊ VÊ NESTA CENA? ONDE VOCÊ ACHA QUE ESTAS PESSOAS ESTÃO?

- Quantas crianças há nesta página?
- Circule a criança que está mais **perto** da professora.
- Marque com um **X** a criança que está mais **longe** da professora.

A BRINCADEIRA FAVORITA DA TURMA

DO QUE VOCÊ COSTUMA BRINCAR? CONVERSE A RESPEITO COM OS COLEGAS.

- Você e seus colegas vão pensar nas brincadeiras preferidas da turma.
- O professor vai anotar a lista das brincadeiras escolhidas na lousa e cada criança vai votar na que mais gosta.
- Depois, desenhe nesta página a brincadeira que ganhou a votação.

CIRCUITO DE BAMBOLÊS

O QUE VOCÊ VÊ NESTA CENA? ONDE AS CRIANÇAS ESTÃO?

O QUE VOCÊ ACREDITA QUE ELAS ESTÃO FAZENDO?

- Pinte os bambolês do circuito de acordo com a sequência de cores de cada fileira.
- Quantos bambolês há em cada fileira?

GUARDANDO OS MATERIAIS

AO FINAL DA AULA, A PROFESSORA PEDIU AJUDA À TURMA PARA GUARDAR OS MATERIAIS QUE FORAM USADOS. OBSERVE A CENA.

- Você sabe por que é importante guardar os materiais e outros objetos depois de usá-los?
- Pinte o armário **maior** de azul.
- Depois, pinte o armário **menor** de amarelo.

UNIDADE 2

RECEITA DE ESPANTAR A TRISTEZA

FAÇA UMA CARETA
E MANDE A TRISTEZA
PRA LONGE PRO OUTRO LADO
DO MAR OU DA LUA

VÁ PARA O MEIO DA RUA
E PLANTE BANANEIRA
FAÇA ALGUMA BESTEIRA

DEPOIS ESTIQUE OS BRAÇOS
APANHE A PRIMEIRA ESTRELA
E PROCURE O MELHOR AMIGO
PARA UM LONGO E APERTADO ABRAÇO.

ROSEANA MURRAY. RECEITA DE ESPANTAR A TRISTEZA. *RECEITAS DE OLHAR*. SÃO PAULO: FTD, 1997. P. 42.

GLOSSÁRIO

APANHAR: PEGAR COM A MÃO.

BESTEIRA: BOBAGEM, ALGO SEM IMPORTÂNCIA.

CARETA: EXPRESSÃO FACIAL ENGRAÇADA OU ASSUSTADORA.

PLANTAR BANANEIRA: APOIAR-SE NO CHÃO COM AS MÃOS E FICAR COM AS PERNAS PARA O AR.

- Você gostou desse poema? O que você entendeu?
- Há alguma palavra no poema cujo significado você não entendeu? Se sim, que palavra é essa?
- Você tem alguma receita para espantar a tristeza? Converse a respeito com os colegas.

MELHOR AMIGO

LUCAS ESTÁ SAINDO DE CASA.
ELE VAI ENCONTRAR SEU AMIGO PEDRO NO PARQUE.

Siga as setas e trace o caminho que leva Lucas ao encontro de Pedro.

PALAVRAS DE CARINHO

TODA FRASE É FORMADA POR UMA OU MAIS PALAVRAS.

OLÁ.

ESSA FRASE TEM UMA PALAVRA.

EU SENTI SUA FALTA.

ESSA FRASE TEM QUATRO PALAVRAS.

Vamos aprender a dividir frases em palavras?

CONTANDO AS PALAVRAS

ACOMPANHE A LEITURA DE DUAS FRASES.

BOM DIA!

QUER JOGAR COMIGO?

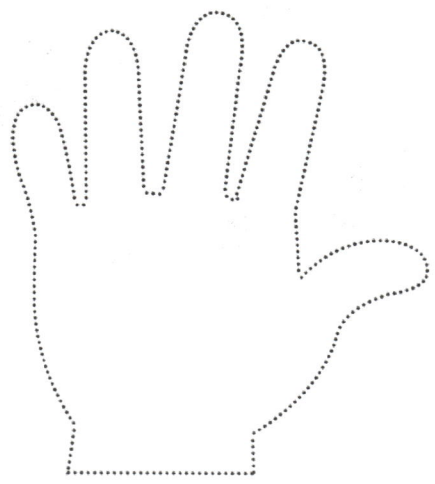

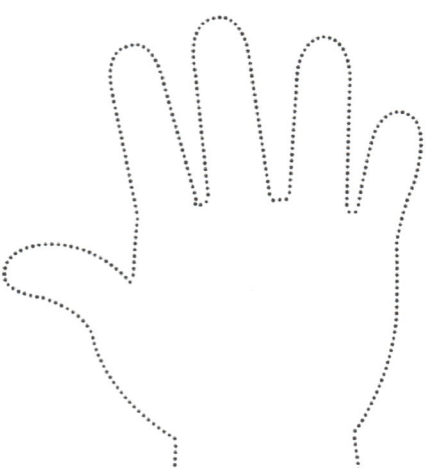

Indique a quantidade de palavras em cada uma das frases pintando um dedo para cada palavra que você ouviu.

MOMENTOS FELIZES

OBSERVE AS IMAGENS. O QUE ESTAS PESSOAS ESTÃO FAZENDO? ALGUMA DESTAS ATIVIDADES DEIXA VOCÊ FELIZ?

- Acompanhe a leitura das frases acima.
- Quantas palavras você escutou em cada uma das frases?
- Indique a quantidade pintando um dedo para cada palavra que você ouviu.

AS SÍLABAS

TODA PALAVRA É FORMADA POR UMA OU MAIS SÍLABAS.

LAR

ESSA PALAVRA TEM UMA SÍLABA.

CA SA

ESSA PALAVRA TEM DUAS SÍLABAS.

- Vamos aprender a dividir palavras em sílabas?
- Acompanhe a leitura que o professor vai fazer de duas palavras e escute a quantidade de sílabas que há em cada uma delas.
- Qual é o significado da palavra **lar**? Converse a respeito com os colegas.

COMO ME SINTO...

OBSERVE AS IMAGENS. QUE EMOÇÃO VOCÊ ACHA QUE CADA CRIANÇA ESTÁ SENTINDO?

- E você? Como está se sentindo neste momento?
- Acompanhe a leitura do nome de cada emoção e bata uma palma para cada sílaba que você escutar.
- Quantas palmas você bateu para cada um dos nomes? Pinte a quantidade de palmas correspondente.

LINHA RETA E LINHA CURVA

OBSERVE OS TRACEJADOS ABAIXO.

- Cubra de vermelho o tracejado do caminho que forma uma **linha reta**.
- Depois, cubra de azul o tracejado do caminho que forma uma **linha curva**.

LINHA ABERTA E LINHA FECHADA

OBSERVE AS LINHAS TRAÇADAS ABAIXO.

- Marque com um **X** cada uma das **linhas abertas**.
- Pinte de vermelho o interior das **linhas fechadas**.

FIGURAS GEOMÉTRICAS

ACOMPANHE A LEITURA DO NOME DE ALGUMAS FIGURAS GEOMÉTRICAS.

QUADRADO

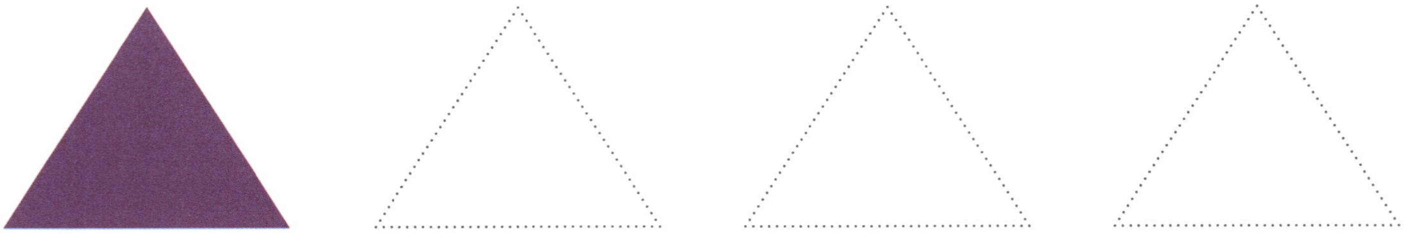

TRIÂNGULO

RETÂNGULO

CÍRCULO

- Cubra os pontilhados e treine o traçado dessas figuras geométricas.
- Observe as figuras geométricas. Elas são traçadas com **linhas abertas** ou com **linhas fechadas**?
- Qual dessas figuras geométricas não é traçada com **linhas retas**?

CAMARIM

DE QUEM SERÁ QUE É ESTE CAMARIM?

- Pinte todas as figuras geométricas da imagem de acordo com a legenda de cores.
- Depois, pinte o restante do cenário com cores diferentes.

COMPOSIÇÃO

VAMOS FAZER UMA COLAGEM COM FIGURAS GEOMÉTRICAS?

ROSÂNGELA LIBERATO DE STEFANO

- Destaque as figuras geométricas da página 105 e experimente diferentes jeitos de distribuí-las no espaço em branco.
- Escolha o jeito de que você mais gostou e cole as figuras.
- Depois, observe o trabalho dos colegas.

SEQUÊNCIA DE FIGURAS GEOMÉTRICAS

OBSERVE ABAIXO O PADRÃO DAS FORMAS E DAS CORES.

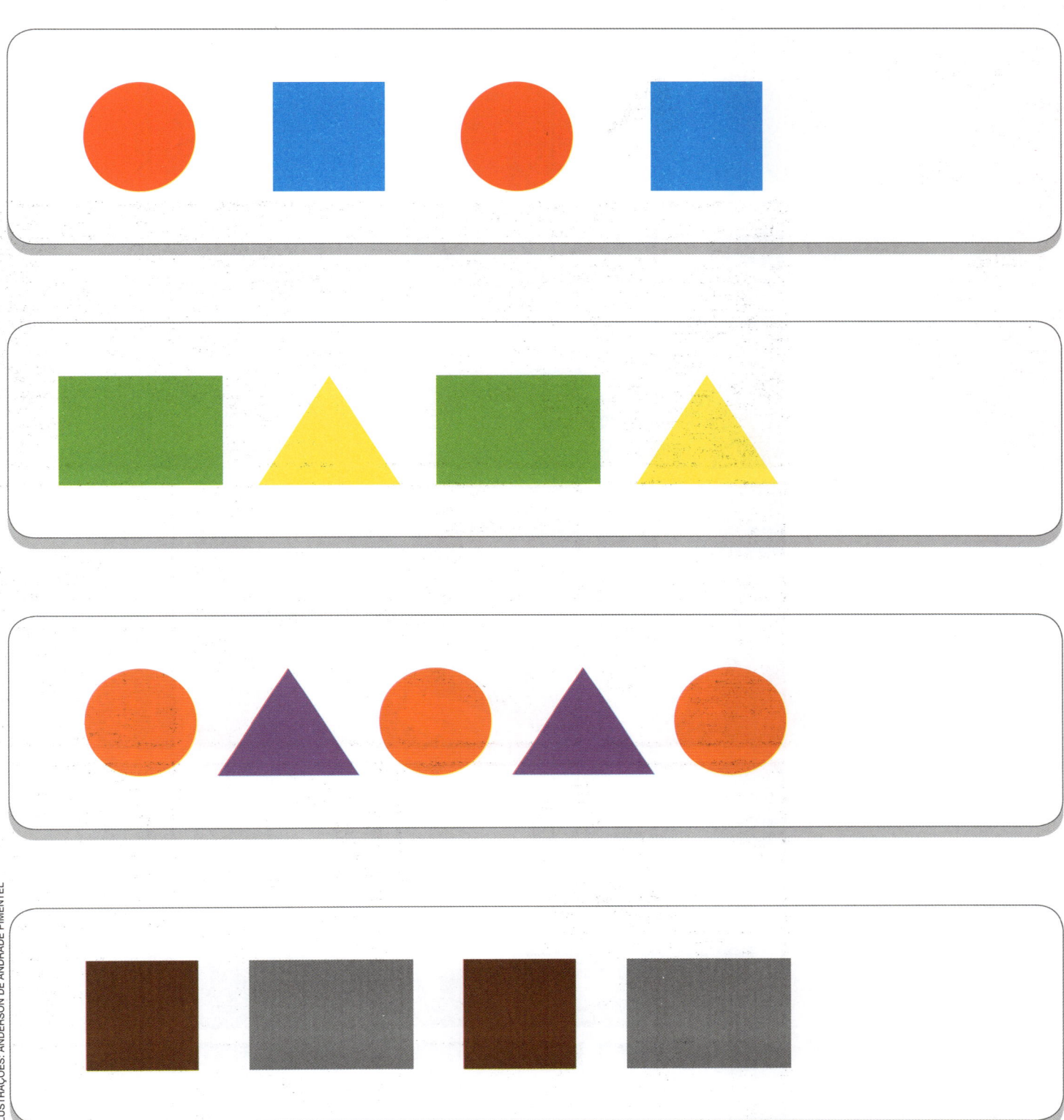

- Desenhe e pinte a próxima figura de cada sequência.
- Qual figura geométrica aparece em **maior** quantidade nesta página?

UNIDADE 3

CACHINHOS DOURADOS

GRAHAM ANNABLE. GOLDILOCKS AND THE THREE BEARS. CHRIS DUFFY (ORG.). *FAIRY TALE COMICS*. NOVA YORK: FIRST SECOND, 2013. P. 91-94.

- Você já tinha lido alguma história em quadrinhos antes?
- Essa história em quadrinhos é composta apenas de imagens. Você gostou dela? O que você entendeu?

35

A TIGELA DE CADA URSO

LIGUE CADA URSO A SUA TIGELA DE MINGAU.

- Circule de azul a tigela **grande** e, de vermelho, a tigela **pequena**.
- Marque com um **X** a tigela de tamanho **médio**.

COMPARANDO ALTURAS

OBSERVE OS TRÊS CHEFES DE COZINHA.

- Circule a pessoa mais **alta** da cena.
- Marque com um **X** a pessoa mais **baixa**.
- Essas três pessoas usam o mesmo tamanho de chapéu?

QUENTE OU FRIO?

DESTAQUE AS FIGURAS DA PÁGINA 107 E OBSERVE-AS.

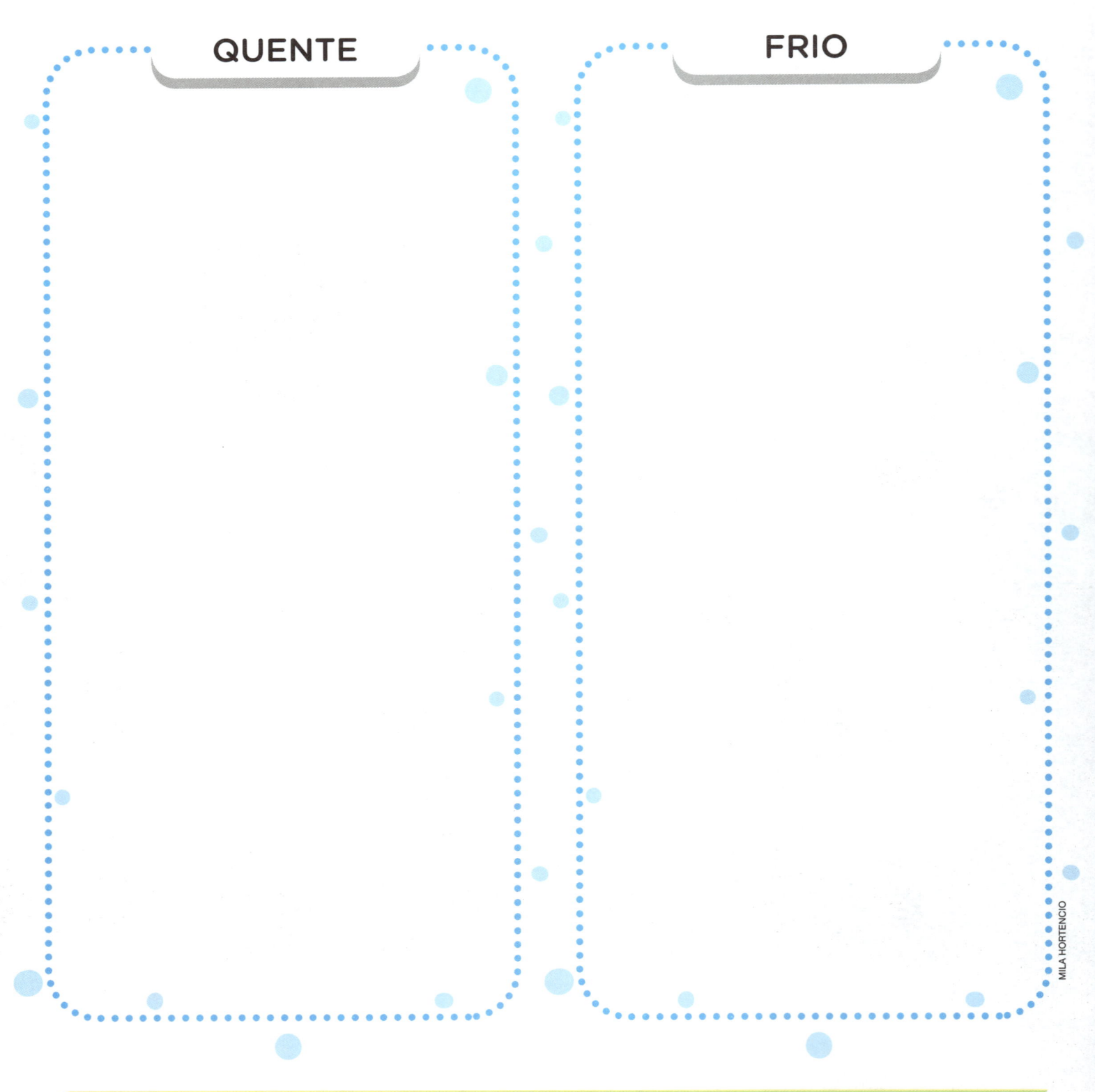

QUENTE	FRIO

- Que alimentos são esses? Você já provou algum deles?
- Cole os alimentos que parecem estar **quentes** na coluna da esquerda.
- Na coluna da direita, cole os alimentos que parecem estar **frios**.

OS NÚMEROS DE 0 A 4

OBSERVE OS NÚMEROS E AS IMAGENS.

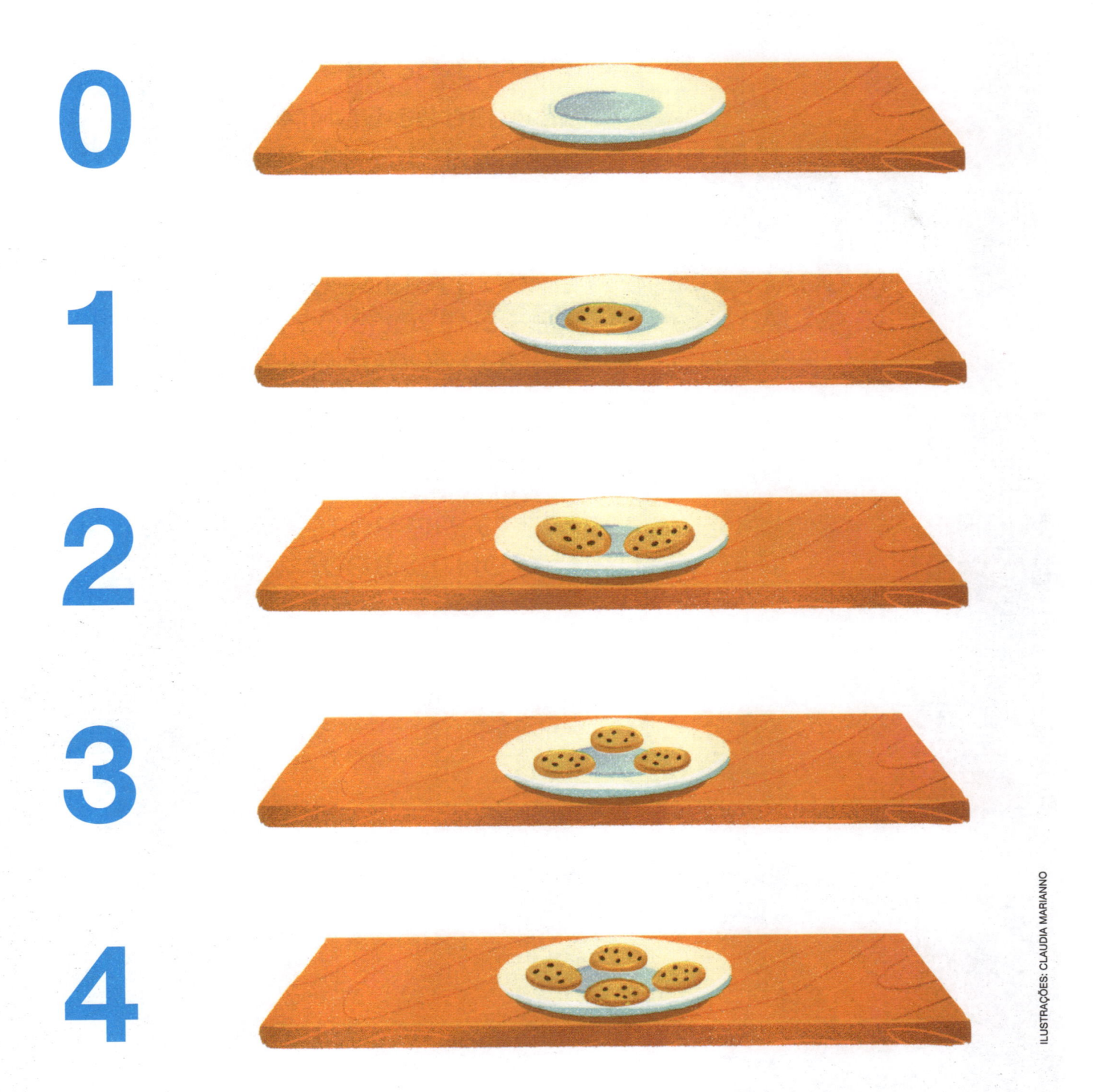

0

1

2

3

4

- Quantos biscoitos há ao lado de cada número?
- Circule o número que representa a **maior** quantidade de biscoitos. Como você descobriu isso?

QUANTOS BISCOITOS?

OBSERVE A ILUSTRAÇÃO. QUANTOS BISCOITOS A CONFEITEIRA FEZ?

1   2   3   4

Pinte na sequência numérica o número que representa a quantidade de biscoitos que a confeiteira fez.

AS LETRAS A, E, I, O, U

OUÇA O PROFESSOR DIZER O NOME DAS LETRAS ABAIXO.

A   E   I

O   U

- O professor vai escrever o seu nome nesta página. Circule as letras **A, E, I, O, U** que você encontrar em seu nome.
- Observe esta página no livro de um colega. Que letras ele circulou?

QUAL É A LETRA INICIAL?

ACOMPANHE AS ORIENTAÇÕES DO PROFESSOR E REPITA O NOME DOS ANIMAIS ABAIXO.

ABELHA — A

ELEFANTE — E

IGUANA — I

OVELHA — O

URSO — U

- Siga as setas e ligue o nome de cada animal a sua letra inicial.
- Qual é o nome da letra inicial de cada uma dessas palavras?
- Você conhece algum outro animal cujo nome começa com as letras **A, E, I, O** ou **U**?

QUAL É O SOM INICIAL?

OBSERVE AS IMAGENS. VOCÊ LEMBRA QUAL É O NOME DE CADA UM DESTES ANIMAIS?

A B E L H A

E L E F A N T E

I G U A N A

O V E L H A

U R S O

- Repita o nome de cada um dos animais.
- Qual é o som inicial de cada um desses nomes?
- Qual letra representa o som inicial que você escutou em cada um dos nomes? Circule-a.

UNIDADE 4

A CIGARRA E AS FORMIGAS

ERA INVERNO E AS FORMIGAS ESTAVAM SECANDO O TRIGO ENCHARCADO, QUANDO UMA CIGARRA FAMINTA LHES PEDIU ALIMENTO. AS FORMIGAS LHE DISSERAM: "POR QUE, NO VERÃO, VOCÊ TAMBÉM NÃO RECOLHEU ALIMENTO?". E ELA: "MAS EU NÃO FIQUEI À TOA! AO CONTRÁRIO, EU CANTAVA CANÇÕES MELODIOSAS!". ELAS TORNARAM A RIR: "MAS SE VOCÊ FLAUTEAVA NO VERÃO, DANCE NO INVERNO!".

A FÁBULA MOSTRA QUE NÃO DEVEMOS DESCUIDAR DE NENHUMA TAREFA, PARA NÃO PADECER AFLIÇÕES NEM CORRER RISCOS.

ESOPO. A CIGARRA E AS FORMIGAS. *FÁBULAS COMPLETAS*. SÃO PAULO: COSAC NAIFY, 2013. P. 154.

GLOSSÁRIO

DANÇAR: EXECUTAR UMA DANÇA; SAIR-SE MAL EM ALGUMA SITUAÇÃO.
FAMINTO: QUE TEM MUITA FOME.
FLAUTEAR: TOCAR FLAUTA; VIVER DESPREOCUPADAMENTE.

- Você gostou dessa fábula? O que você entendeu dela?
- Há alguma palavra na fábula cujo significado você não entendeu? Converse a respeito com os colegas.
- Na sua opinião, o comportamento dos animais dessa história é parecido com o dos seres humanos? Por quê?

NO VERÃO

OBSERVE A CENA. SEGUNDO A FÁBULA, O QUE AS FORMIGAS FIZERAM NO VERÃO?

EM CIMA

EMBAIXO

- Quantas formigas aparecem nesta página?
- Acompanhe as instruções do professor e complete o gráfico.
- Há uma quantidade **maior** de formigas **em cima** ou **embaixo** do tronco de árvore?

46

ANTES E DEPOIS

QUAL DAS CENAS ABAIXO REPRESENTA O FINAL DA FÁBULA *A CIGARRA E AS FORMIGAS*? PINTE-A.

- A cena que você não pintou aconteceu **antes** ou **depois** do final da fábula?
- O que você acha que aconteceu com a cigarra **depois** do final da fábula?
- Você acredita que a atitude das formigas em relação ao pedido da cigarra foi adequada? Por quê?
- Converse com os colegas sobre o final da fábula. Vocês gostariam de modificá-lo? Se sim, como ele seria?

47

QUANTAS FLORES?

OBSERVE A CENA. ONDE JULIANA ESTÁ?

JULIANA TEM UM FILHO E DOIS SOBRINHOS. ELA QUER DAR UMA FLOR PARA CADA UM DELES.

- Acompanhe a leitura que o professor vai fazer do texto.
- Desenhe no cesto a quantidade de flores de que Juliana precisa. Como você fez para descobrir qual é essa quantidade?

OS NÚMEROS DE 5 A 9

OBSERVE OS NÚMEROS E AS IMAGENS.

5

6

7

8

9

- Quantos animais há ao lado de cada número?
- Você sabe o nome desses animais?
- Circule o número que representa a **menor** quantidade de animais.

DENTRO E FORA

O QUE VOCÊ VÊ NA IMAGEM A SEGUIR?

- Destaque as figuras da página 109.
- Cole os ovos **dentro** do ninho ilustrado nesta página.
- Depois, cole os pássaros **fora** do ninho.

QUANTOS ANIMAIS?

OBSERVE A IMAGEM.

| 1 | 2 | 3 | 4 | 5 | 6 | 7 | 8 | 9 |

- Circule todos os animais dessa cena.
- Quantos animais você circulou?
- Pinte o número que representa essa quantidade na sequência numérica.

A LETRA...

1. OUÇA O PROFESSOR DIZER O NOME DA LETRA ABAIXO. OBSERVE A FORMA DESSA LETRA.

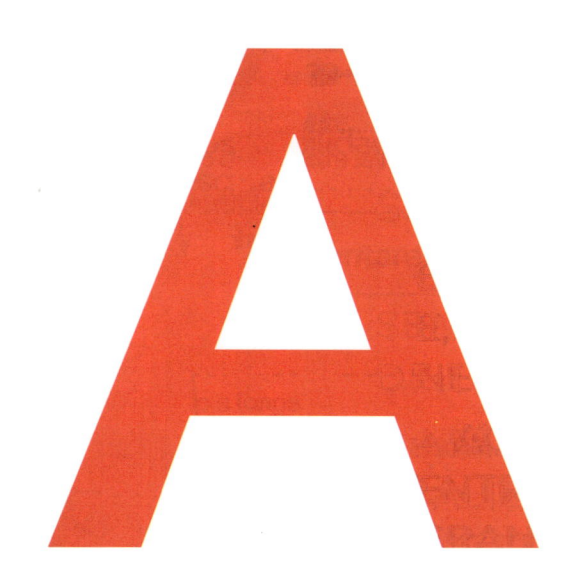

A

ABELHA

2. DIGA O NOME DAS FIGURAS A SEGUIR.

ABACAXI

APITO

AVIÃO

AVESTRUZ

3. SIGA AS SETAS E CONTORNE A LETRA **A** COM O DEDO.

4. PENSE EM UM OBJETO CUJO NOME COMEÇA COM O SOM DA LETRA **A**. DEPOIS, DESENHE-O NO QUADRO ABAIXO.

MECANISMOS DE SOBREVIVÊNCIA

ACOMPANHE A LEITURA DE UM POEMA.

[...]
A ARANHA FAZ A TEIA
COM PREGUIÇA DE CAÇAR
FICA QUIETA ESPERANDO
UM INSETO BOBEAR
E CAIR NA SUA TEIA
PARA A FOME SACIAR.
[...]

CÉSAR OBEID. MECANISMOS DE SOBREVIVÊNCIA (SEXTILHAS). *RIMAS ANIMAIS*. SÃO PAULO: MODERNA, 2010. P. 18.

A R A N H A

- Você gostou desse poema? O que você entendeu dele?
- Segundo o texto, o que a aranha come?
- Observe a palavra escrita no quadro. Você sabe que palavra é essa? Converse a respeito com os colegas.
- Pinte a letra **A** todas as vezes em que ela aparece na palavra do quadro.

ONDE VIVEM OS ANIMAIS?

ACOMPANHE AS ORIENTAÇÕES DO PROFESSOR E REPITA O NOME DOS ANIMAIS ABAIXO.

ABELHA

ANDORINHA

ANTA

ARANHA

- Siga as setas e ligue cada animal ao local onde ele vive.
- Qual é o nome da letra inicial de cada uma dessas palavras?

UNIDADE 5

UM ELEFANTE INCOMODA MUITA GENTE

UM ELEFANTE INCOMODA MUITA GENTE.
DOIS ELEFANTES INCOMODAM, INCOMODAM MUITO MAIS.

DOIS ELEFANTES INCOMODAM MUITA GENTE.
TRÊS ELEFANTES INCOMODAM, INCOMODAM, INCOMODAM MUITO MAIS.

TRÊS ELEFANTES INCOMODAM MUITA GENTE.
QUATRO ELEFANTES INCOMODAM, INCOMODAM, INCOMODAM, INCOMODAM MUITO MAIS.

QUATRO ELEFANTES INCOMODAM MUITA GENTE.
CINCO ELEFANTES INCOMODAM, INCOMODAM, INCOMODAM, INCOMODAM, INCOMODAM MUITO MAIS.

CINCO ELEFANTES INCOMODAM MUITA GENTE.
SEIS ELEFANTES INCOMODAM, INCOMODAM, INCOMODAM, INCOMODAM, INCOMODAM, INCOMODAM MUITO MAIS.

GLOSSÁRIO
INCOMODAR: CAUSAR IRRITAÇÃO; PERTURBAR.

SEIS ELEFANTES INCOMODAM MUITA GENTE.

SETE ELEFANTES INCOMODAM, INCOMODAM, INCOMODAM, INCOMODAM, INCOMODAM, INCOMODAM, INCOMODAM MUITO MAIS.

SETE ELEFANTES INCOMODAM MUITA GENTE.

OITO ELEFANTES INCOMODAM, INCOMODAM, INCOMODAM, INCOMODAM, INCOMODAM, INCOMODAM, INCOMODAM, INCOMODAM MUITO MAIS.

OITO ELEFANTES INCOMODAM MUITA GENTE.

NOVE ELEFANTES INCOMODAM, INCOMODAM, INCOMODAM, INCOMODAM, INCOMODAM, INCOMODAM, INCOMODAM, INCOMODAM, INCOMODAM MUITO MAIS.

NOVE ELEFANTES INCOMODAM MUITA GENTE.

DEZ ELEFANTES INCOMODAM, INCOMODAM, INCOMODAM, INCOMODAM, INCOMODAM, INCOMODAM, INCOMODAM, INCOMODAM, INCOMODAM, INCOMODAM MUITO MAIS.

DA TRADIÇÃO POLULAR.

- Acompanhe a leitura de uma letra de cantiga.
- Brinque com seus colegas de cantar a cantiga cada vez mais rápido, sem errar a letra.
- O que você achou da brincadeira?

NÚMERO 10

OBSERVE A CENA. QUAL É O NOME DESTES ANIMAIS?

10

- Quantos animais aparecem nesta página?
- Qual desses animais aparece em **maior** quantidade?
- Quais desses animais aparecem em quantidades **iguais**?

ELEFANTE COLORIDO

OBSERVE A CENA. DO QUE AS CRIANÇAS ESTÃO BRINCANDO?

| 1 | 2 | 3 | 4 | 5 | 6 | 7 | 8 | 9 | 10 |

- Qual cor o comandante da brincadeira disse para as crianças procurarem?
- Circule todos os objetos dessa cor que aparecem nesta cena. Quantos objetos você circulou?
- Pinte o número que representa essa quantidade na sequência numérica.

59

PESADO E LEVE

DESTAQUE AS FIGURAS DA PÁGINA 111 E OBSERVE-AS.

ANIMAIS QUE PARECEM MAIS PESADOS DO QUE UMA CRIANÇA	ANIMAIS QUE PARECEM MAIS LEVES DO QUE UMA CRIANÇA

- Cole os animais que parecem mais **pesados** do que uma criança na coluna da esquerda.
- Na coluna da direita, cole os animais que parecem mais **leves** do que uma criança.

CURTO E LONGO

OBSERVE AS EMAS DE SEU FRANCISCO.

- Circule a ema que tem o pescoço mais **curto**.
- Marque um **X** na ema que tem o pescoço mais **longo**.
- Faça dupla com um colega e compare o comprimento de seus cabelos. Quem tem o cabelo mais **curto**? Quem tem o mais **longo**?

QUEBRA-CABEÇA

VOCÊ JÁ BRINCOU DE MONTAR UM QUEBRA-CABEÇA ALGUMA VEZ? E SEUS COLEGAS?

- Destaque as peças da página 113 e observe-as.
- Encaixe as peças destacadas de modo que formem uma imagem. O que você vê nela?
- Depois que tiver montado a imagem corretamente, cole as peças nesta página.

À FRENTE, ENTRE E ATRÁS

OBSERVE A CENA. COM A AJUDA DOS COLEGAS, DESCREVA-A PARA O PROFESSOR.

- Circule de vermelho os animais que estão **à frente** do fazendeiro.
- Depois, circule de azul os animais que estão **atrás** do fazendeiro.
- Qual animal aparece **entre** duas árvores? Marque-o com um **X**.

A LETRA...

1. OUÇA O PROFESSOR DIZER O NOME DA LETRA ABAIXO. OBSERVE A FORMA DESSA LETRA.

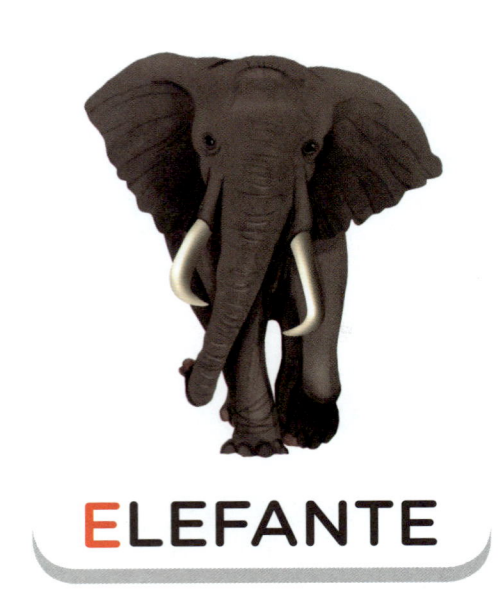

E

ELEFANTE

2. DIGA O NOME DAS FIGURAS A SEGUIR.

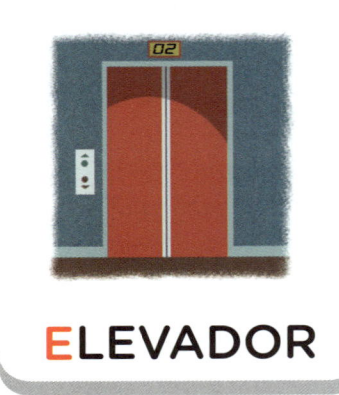

EDIFÍCIO

EMA

ELEVADOR

ETIQUETA

3. SIGA AS SETAS E CONTORNE A LETRA **E** COM O DEDO.

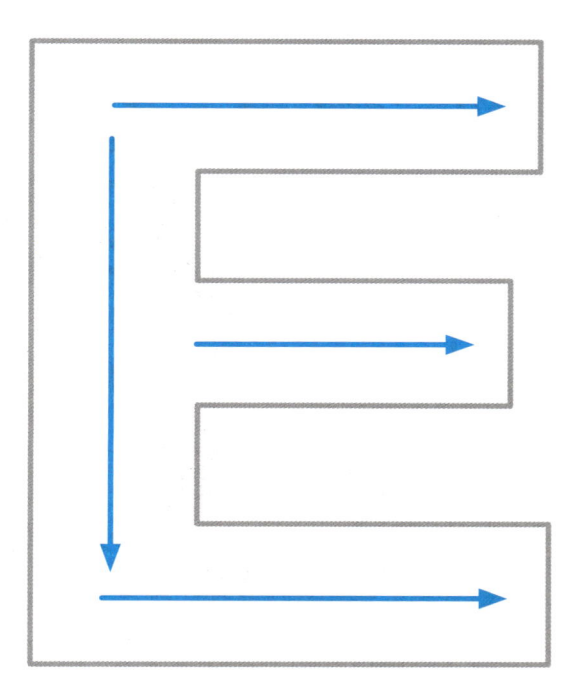

4. PENSE EM UM OBJETO CUJO NOME COMEÇA COM O SOM DA LETRA **E**. DEPOIS, DESENHE-O NO QUADRO ABAIXO.

O QUE É, O QUE É?

ACOMPANHE A LEITURA DE UMA ADIVINHA.

O QUE É, O QUE É?
ESTÁ NO COMEÇO DE ESCOLA
E NO FINAL DE BIGODE?

ESCOLA

BIGODE

- Você sabe qual é a resposta da adivinha? Converse a respeito com os colegas.
- Com os colegas, observe as palavras escritas nos quadros. Vocês sabem que palavras são essas?
- Pinte a letra **E** todas as vezes em que ela aparece nas palavras dos quadros.

QUE ANIMAL É ESTE?

LIGUE OS PONTOS CONFORME A SEQUÊNCIA NUMÉRICA E DESCUBRA!

Agora, pinte a cena da maneira que preferir.

UNIDADE 6

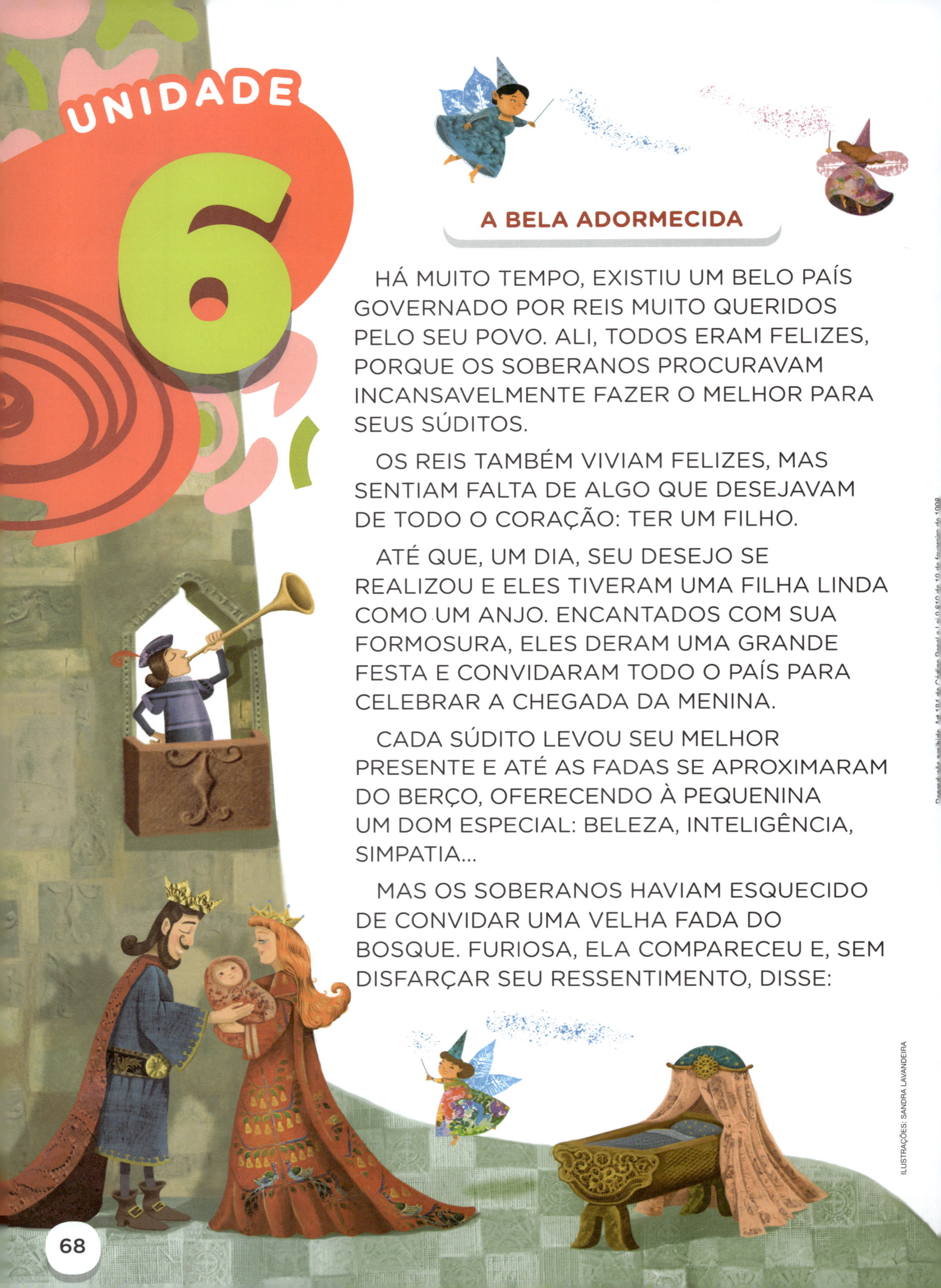

A BELA ADORMECIDA

HÁ MUITO TEMPO, EXISTIU UM BELO PAÍS GOVERNADO POR REIS MUITO QUERIDOS PELO SEU POVO. ALI, TODOS ERAM FELIZES, PORQUE OS SOBERANOS PROCURAVAM INCANSAVELMENTE FAZER O MELHOR PARA SEUS SÚDITOS.

OS REIS TAMBÉM VIVIAM FELIZES, MAS SENTIAM FALTA DE ALGO QUE DESEJAVAM DE TODO O CORAÇÃO: TER UM FILHO.

ATÉ QUE, UM DIA, SEU DESEJO SE REALIZOU E ELES TIVERAM UMA FILHA LINDA COMO UM ANJO. ENCANTADOS COM SUA FORMOSURA, ELES DERAM UMA GRANDE FESTA E CONVIDARAM TODO O PAÍS PARA CELEBRAR A CHEGADA DA MENINA.

CADA SÚDITO LEVOU SEU MELHOR PRESENTE E ATÉ AS FADAS SE APROXIMARAM DO BERÇO, OFERECENDO À PEQUENINA UM DOM ESPECIAL: BELEZA, INTELIGÊNCIA, SIMPATIA...

MAS OS SOBERANOS HAVIAM ESQUECIDO DE CONVIDAR UMA VELHA FADA DO BOSQUE. FURIOSA, ELA COMPARECEU E, SEM DISFARÇAR SEU RESSENTIMENTO, DISSE:

— VOCÊ TERÁ TUDO QUE AS OUTRAS FADAS LHE CONCEDERAM, MAS QUANDO COMPLETAR QUINZE ANOS ESPETARÁ O DEDO NUM FUSO E MORRERÁ.

EM SEGUIDA, DESAPARECEU, DEIXANDO OS REIS AFLITOS. NISSO, UMA FADA GENEROSA APROXIMOU-SE DA RAINHA E DISSE QUE, EMBORA NÃO PUDESSE DESFAZER O FEITIÇO, PODERIA AMENIZÁ-LO: A PRINCESINHA NÃO MORRERIA, APENAS FICARIA ADORMECIDA DURANTE CEM ANOS.

O TEMPO PASSOU E A MENINA TEVE TODOS OS DONS CONCEDIDOS PELAS FADAS, SENDO MUITO QUERIDA POR SEUS PAIS E ADMIRADA POR TODOS.

NO ENTANTO, LOGO COMPLETARIA QUINZE ANOS E, EMBORA NINGUÉM SE LEMBRASSE DA MALDIÇÃO, O REI MANDOU QUE TODOS OS FUSOS DESAPARECESSEM DO PALÁCIO.

NO DIA DO SEU ANIVERSÁRIO, QUANDO TODOS CUIDAVAM DOS PREPARATIVOS PARA A FESTA, A PRINCESINHA SUBIU A UMA DAS TORRES DO PALÁCIO QUE NUNCA HAVIA VISITADO. ALI ENCONTROU UMA VELHINHA FIANDO NUM FUSO.

— QUER APRENDER A FIAR? — PERGUNTOU A VELHA.

— ADORARIA! — RESPONDEU A PRINCESA. E COMEÇOU A FIAR, MAS LOGO ESPETOU O DEDO E CAIU NUM SONO PROFUNDO.

TODOS SENTIRAM MUITO PELO QUE ACONTECEU À PRINCESINHA. NÃO HAVIA COMO DESENCANTAR A MENINA E ESTAVAM TODOS DESOLADOS, QUANDO UMA FADA BOA TEVE UMA IDEIA PARA ALIVIAR A DOR DOS SOBERANOS: COM UMA VARINHA MÁGICA, FOI TOCANDO UM POR UM, TODOS OS HABITANTES DO PALÁCIO, E TODOS FICARAM ADORMECIDOS, INCLUSIVE O REI E A RAINHA.

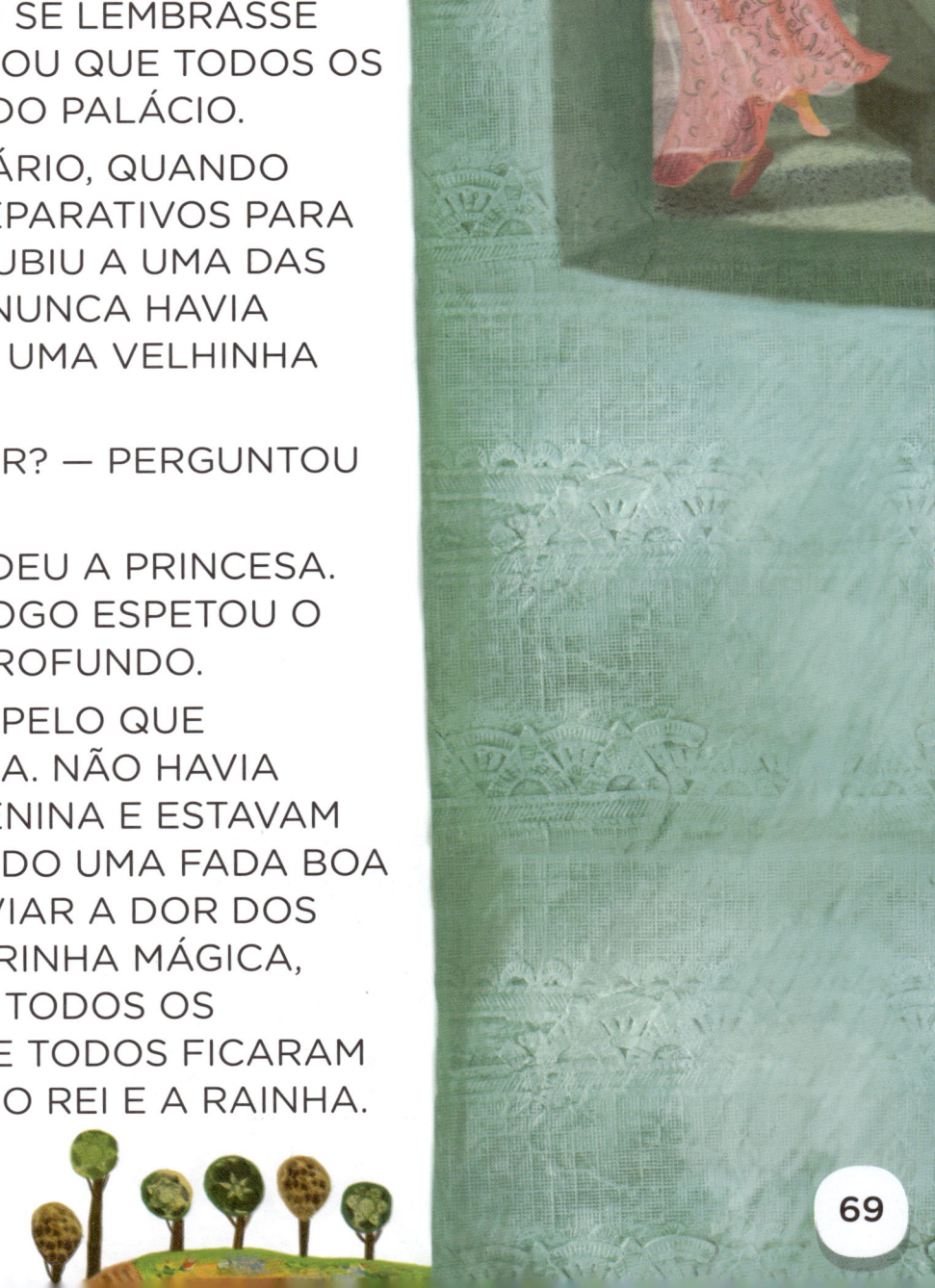

Como ninguém podia cuidar do palácio, ele foi encoberto pelo mato. Formou-se uma densa selva emaranhada, e tudo ficou escondido sob a vegetação.

Até que um dia, exatamente cem anos após o encantamento, um jovem príncipe decidiu visitar o misterioso palácio, atraído pela lenda sobre a bela adormecida. A golpes de espada, foi abrindo caminho no mato até descobrir o palácio em ruínas. Então desceu de seu formoso cavalo e subiu as escadas cheias de musgo, com o coração saltando dentro do peito.

Atravessou o imenso pátio de mármore, que estava deserto. Continuou avançando e chegou ao salão de festas, onde encontrou um grupo de damas e cavalheiros que pareciam conversar e dançar, mas estavam imóveis e completamente adormecidos. Continuou por salas, corredores e galerias, achando sempre o mesmo espetáculo: guardas e cortesãos, todos num sono profundo. E, na sala do trono, ocupando seu alto posto, o rei e a rainha dormiam profundamente.

[...]

Então o príncipe se lembrou da bela princesa que dormia seu sono de um século. Cheio de curiosidade e movido por seu espírito romântico, começou a procurá-la. Entrou no salão de baile, onde havia muitas damas imóveis, algumas que

GLOSSÁRIO

FUSO: Instrumento usado para fazer fios.

SOBERANO: Governante, rei.

SÚDITO: Habitante de um país governado por rei.

PARECIAM CONVERSAR COM SEUS CAVALHEIROS. MAS NENHUMA DELAS DEVIA SER A PRINCESA, POIS NÃO ERAM MUITO BELAS.

DE REPENTE, NO FIM DO CORREDOR, ENCONTROU UMA ESCADA QUE LEVAVA AO ALTO DA TORRE. CHEGANDO LÁ EM CIMA, TRÊMULO DE EMOÇÃO, ABRIU A PORTA. E LÁ, JUNTO A UM VELHO FUSO, UMA BELÍSSIMA JOVEM DORMIA SERENAMENTE.

O PRÍNCIPE APROXIMOU-SE DELA E, PEGANDO SUA MÃO, BEIJOU-A COM TERNURA. DE IMEDIATO, A PRINCESA ABRIU OS OLHOS E SORRIU PARA ELE GRACIOSAMENTE.

O PRÍNCIPE AJOELHOU-SE DIANTE DELA E, SEM PERDER UM SEGUNDO, CONTOU QUEM ERA E COMO HAVIA CHEGADO ATÉ ALI. EM SEGUIDA, OS DOIS JOVENS DESCERAM AO SALÃO DE MÃOS DADAS, QUANDO TODOS COMEÇAVAM A DESPERTAR.

A PRINCESA ENTROU CORRENDO NO SALÃO DO TRONO E VIU QUE SEUS PAIS SE LEVANTAVAM. COM INFINITA ALEGRIA E EMOÇÃO, OS SOBERANOS ABRAÇARAM SUA FILHA, A PRINCESA. E, POR FIM, OFERECERAM A MÃO DA JOVEM AO SEU SALVADOR, COMO PROVA DE GRATIDÃO.

MARIA LUISA DE ABREU LIMA PAZ (TRADUÇÃO). A BELA ADORMECIDA. *CONTOS DE ANDERSEN, GRIMM E PERRAULT*. SÃO PAULO: GIRASSOL, 2005. P. 100-107.

- Você gostou desse conto de fadas? O que você entendeu?
- Há alguma palavra do conto cujo significado você não entendeu? Se sim, que palavra é essa?
- Que festa estava sendo preparada no dia em que a princesa furou o dedo no fuso e adormeceu?

MEU NASCIMENTO

COM A AJUDA DE UM ADULTO DE SUA FAMÍLIA, PREENCHA A FICHA DESTA PÁGINA.

MEU NASCIMENTO

MEU NOME COMPLETO É

_____.

QUEM ESCOLHEU MEU NOME FOI O/A

_____.

EU NASCI NO DIA _____, DO MÊS DE _____

E DO ANO DE _____.

EU NASCI EM UM MUNICÍPIO CHAMADO

_____.

O NOME DO PAÍS EM QUE EU NASCI É

_____.

Conte para seus colegas o que você descobriu ao pesquisar informações sobre o seu nascimento.

QUANTAS VELAS?

OBSERVE AS IMAGENS E OS NÚMEROS.

3

1

6

10

- Ligue cada um dos bolos de aniversário ao número que representa a quantidade de velas que ele tem.
- Circule de vermelho o número que representa a **maior** quantidade de velas.
- Circule de azul o número que representa a **menor** quantidade de velas.

MÊS DO ANIVERSÁRIO

CONVERSE COM OS COLEGAS E DESCUBRA QUAL É O MÊS EM QUE ELES FAZEM ANIVERSÁRIO.

JANEIRO								
FEVEREIRO								
MARÇO								
ABRIL								
MAIO								
JUNHO								
JULHO								
AGOSTO								
SETEMBRO								
OUTUBRO								
NOVEMBRO								
DEZEMBRO								

- Acompanhe as instruções do professor e complete o gráfico com as informações que você reuniu.
- Qual é o mês em que há o **maior** número de aniversariantes? E o mês em que há o **menor** número? Como você fez para saber disso?

PASSADO, PRESENTE E FUTURO

ACOMPANHE A LEITURA DOS TEXTOS E OBSERVE AS CENAS.

SAÍ DA MATERNIDADE COM MINHA CERTIDÃO DE NASCIMENTO.

FUI MORAR NA CASA DO MEU AVÔ E LÁ APRENDI A ANDAR.

HOJE EU FREQUENTO A ESCOLA DURANTE A SEMANA.

QUANDO EU CRESCER, QUERO TRABALHAR COMO MÉDICA.

- O que você descobriu sobre a história de vida dessa criança?
- Conte para seus colegas algo que aconteceu no seu **passado**, algo que você faz no **presente** e algo que você gostaria de fazer no **futuro**.

A LETRA...

1. OUÇA O PROFESSOR DIZER O NOME DA LETRA ABAIXO. OBSERVE A FORMA DESSA LETRA.

I

IGUANA

2. DIGA O NOME DAS FIGURAS A SEGUIR.

ILHA

IGREJA

IGLU

IPÊ-AMARELO

3. SIGA A SETA E CONTORNE A LETRA I COM O DEDO.

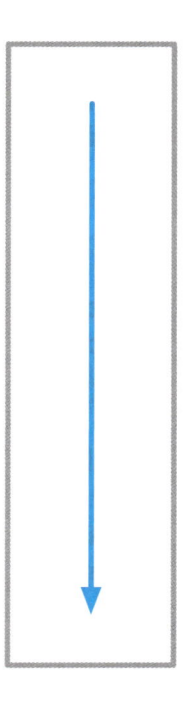

4. PENSE EM UM OBJETO CUJO NOME COMEÇA COM O SOM DA LETRA I. DEPOIS, DESENHE-O NO QUADRO ABAIXO.

77

ENCONTRE A LETRA I

OBSERVE AS PALAVRAS ESCRITAS NESTA PÁGINA. VOCÊ SABE QUE PALAVRAS SÃO ESSAS? CONVERSE A RESPEITO COM OS COLEGAS.

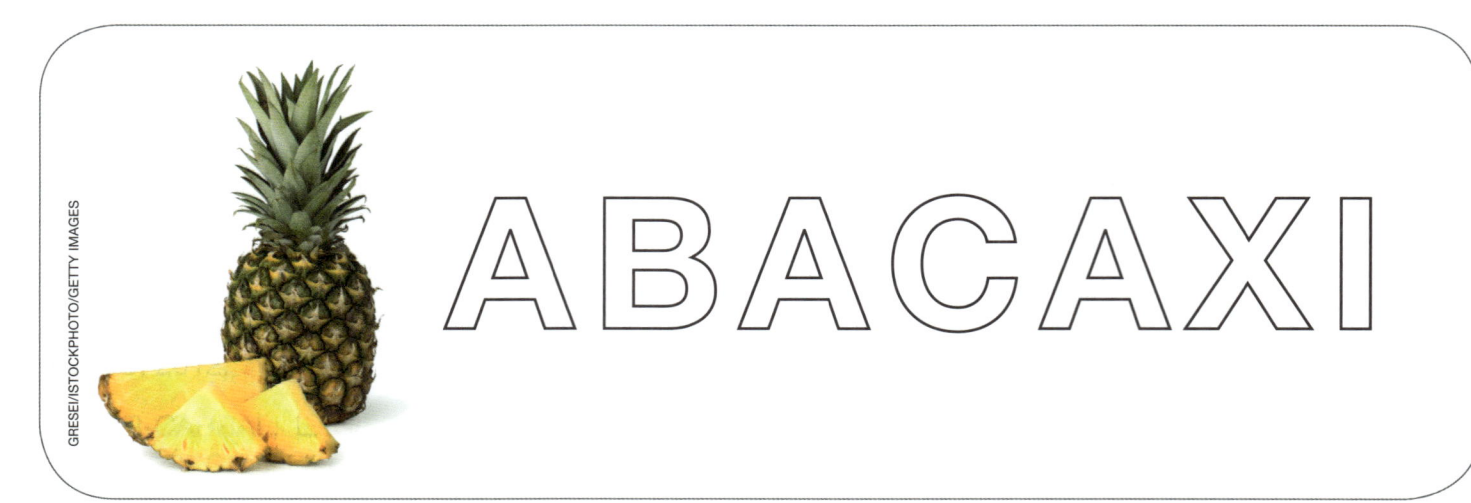

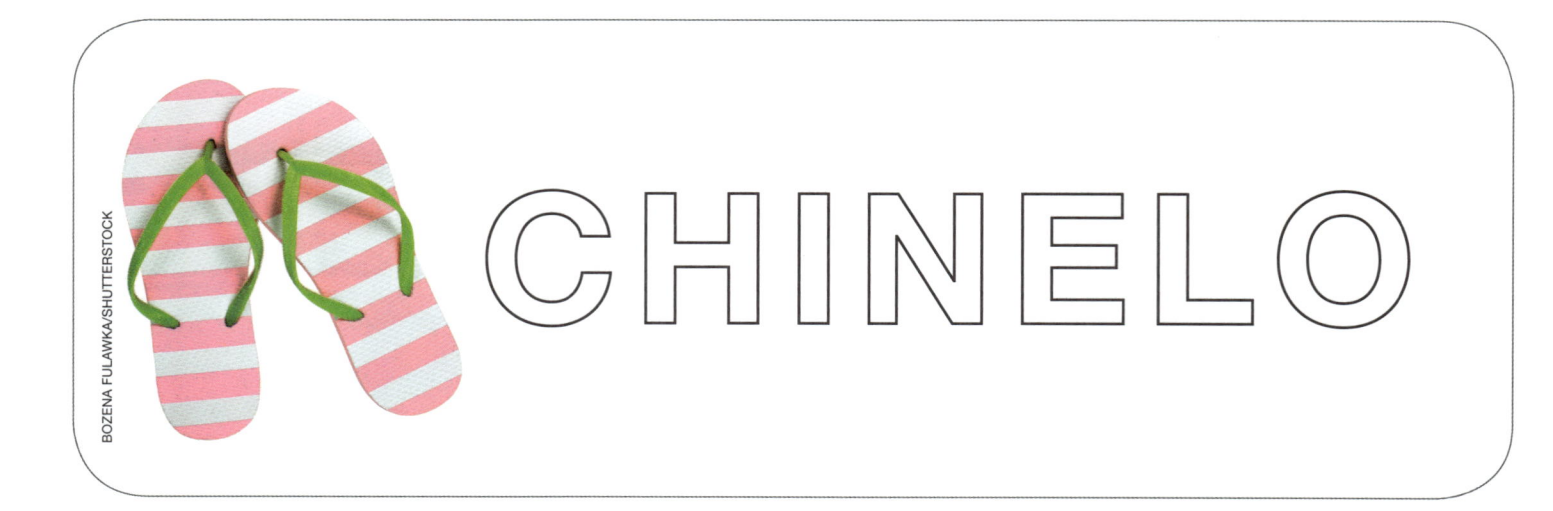

ÍMÃ

ABACAXI

CHINELO

Pinte a letra I todas as vezes em que ela aparece nas palavras.

POEMA TODO BRANCO COM UM PONTINHO MARROM

ACOMPANHE A LEITURA DE UM POEMA.

UM URSO-POLAR
DE PAPO PRO AR
COMENDO MANJAR
EM CIMA DO IGLU.

SOBRE O MANJAR
UMA CASTANHA-DE-CAJU.

LÉO CUNHA. POEMA TODO BRANCO COM UM PONTINHO MARROM. *LÁPIS ENCANTADO*. SÃO PAULO: QUINTETO EDITORIAL, 2006. P. 14.

- Você gostou desse poema? O que você entendeu dele?
- Circule no poema a palavra que começa com a letra I. Você sabe que palavra é essa? Converse a respeito com os colegas.
- Cubra o tracejado e complete a ilustração.

UNIDADE 7

IAUARETÊ E O JABUTI

Estava lá o jabuti cutucando com uma vara de bambu uma jabuticabeira para colher alguns frutos para o seu almoço, quando sentiu um bafo faminto de onça no cangote.

— Isso! Come suas frutinhas que eu sou uma onça que adora jabutis com sabor de frutas! — disse a onça-rei, Iauaretê, lambendo os beiços.

Pronto! Tudo estava indo tão bem! O velho jabuti já tinha uma pequena montanha de jabuticabas, iria depois se sentar no pé da árvore e ficar lá, meditando sobre a vida e saboreando sossegado seu almoço. Agora, de repente, por uma fatalidade do destino, estava prestes a ser almoçado! E, pelo jeito, com aquele bafo quente e — argh! — malcheiroso. A onça-rei deveria estar com muita fome.

Mas, como as tartarugas são lentas no andar e muitíssimo rápidas no pensar, ele logo teve uma ideia quando viu um cipoal que se estendia até o chão.

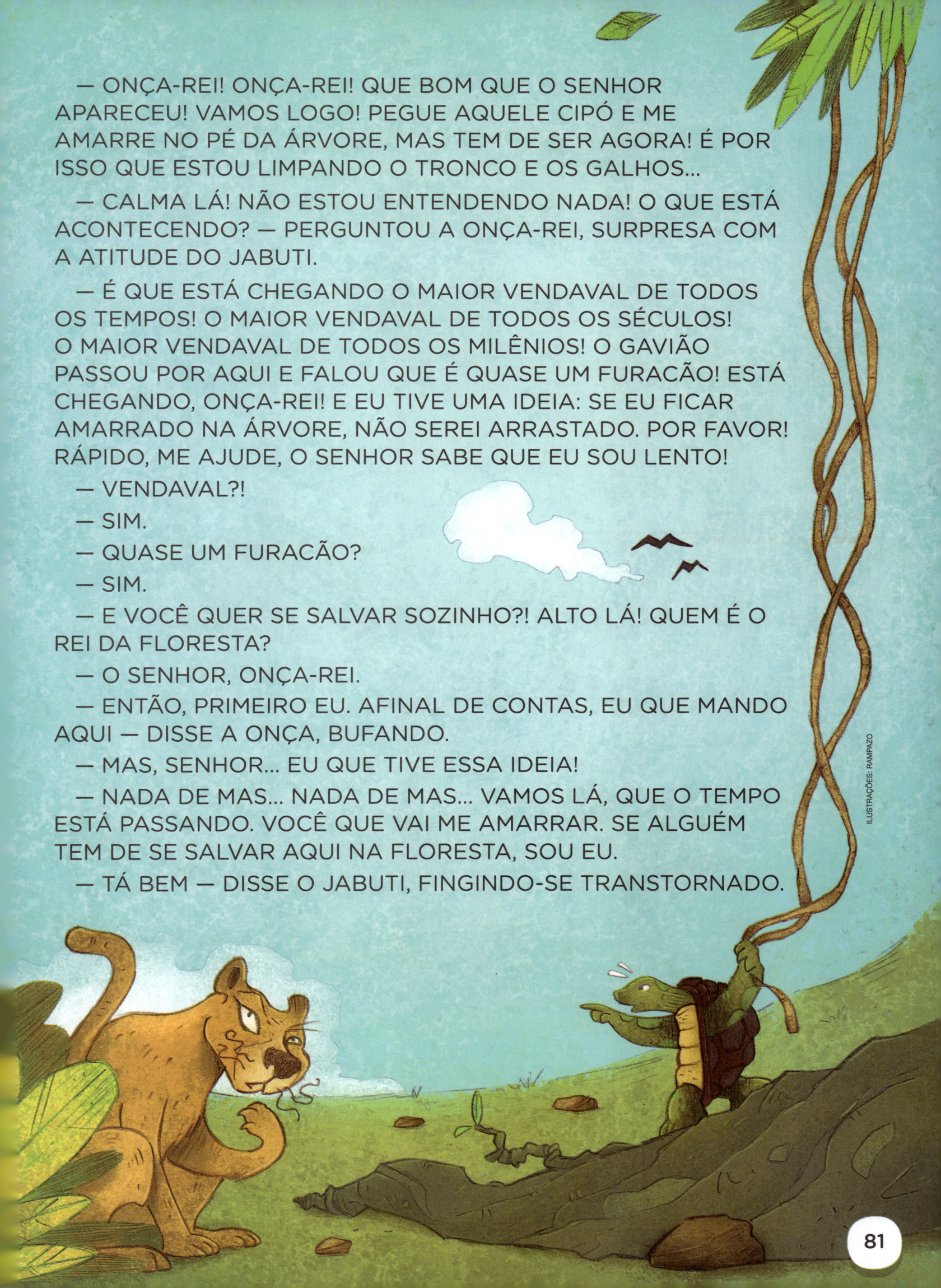

— ONÇA-REI! ONÇA-REI! QUE BOM QUE O SENHOR APARECEU! VAMOS LOGO! PEGUE AQUELE CIPÓ E ME AMARRE NO PÉ DA ÁRVORE, MAS TEM DE SER AGORA! É POR ISSO QUE ESTOU LIMPANDO O TRONCO E OS GALHOS...

— CALMA LÁ! NÃO ESTOU ENTENDENDO NADA! O QUE ESTÁ ACONTECENDO? — PERGUNTOU A ONÇA-REI, SURPRESA COM A ATITUDE DO JABUTI.

— É QUE ESTÁ CHEGANDO O MAIOR VENDAVAL DE TODOS OS TEMPOS! O MAIOR VENDAVAL DE TODOS OS SÉCULOS! O MAIOR VENDAVAL DE TODOS OS MILÊNIOS! O GAVIÃO PASSOU POR AQUI E FALOU QUE É QUASE UM FURACÃO! ESTÁ CHEGANDO, ONÇA-REI! E EU TIVE UMA IDEIA: SE EU FICAR AMARRADO NA ÁRVORE, NÃO SEREI ARRASTADO. POR FAVOR! RÁPIDO, ME AJUDE, O SENHOR SABE QUE EU SOU LENTO!

— VENDAVAL?!

— SIM.

— QUASE UM FURACÃO?

— SIM.

— E VOCÊ QUER SE SALVAR SOZINHO?! ALTO LÁ! QUEM É O REI DA FLORESTA?

— O SENHOR, ONÇA-REI.

— ENTÃO, PRIMEIRO EU. AFINAL DE CONTAS, EU QUE MANDO AQUI — DISSE A ONÇA, BUFANDO.

— MAS, SENHOR... EU QUE TIVE ESSA IDEIA!

— NADA DE MAS... NADA DE MAS... VAMOS LÁ, QUE O TEMPO ESTÁ PASSANDO. VOCÊ QUE VAI ME AMARRAR. SE ALGUÉM TEM DE SE SALVAR AQUI NA FLORESTA, SOU EU.

— TÁ BEM — DISSE O JABUTI, FINGINDO-SE TRANSTORNADO.

ILUSTRAÇÕES: RAMPAZO

E ASSIM FEZ. AMARROU A ONÇA BEM AMARRADINHA. AINDA SE DIRIGIU A SUA MONTANHINHA DE FRUTOS, COLOCOU-OS EM UM CESTINHO E SAIU TRANQUILAMENTE, PROVANDO AS DELICIOSAS JABUTIBACAS.

— TCHAU, "SEU" ONÇA! QUANDO PASSAR O VENDAVAL, EU VOLTO PRA SOLTAR O SENHOR.

DIZEM OS OUTROS ANIMAIS QUE A ONÇA-REI ESTÁ AMARRADA NO PÉ DE JABUTICABA ATÉ HOJE, E QUE AQUELAS PINTAS QUE ELA TEM SÃO DE TANTA RAIVA POR TER SIDO ENGANADA POR UM SIMPLES JABUTI.

KAKÁ WERÁ JECUPÉ. IAUARETÊ E O JABUTI. *AS FABULOSAS FÁBULAS DE IAUARETÊ*. SÃO PAULO: PEIRÓPOLIS, 2007. P. 20-22.

GLOSSÁRIO

CANGOTE: PARTE DE TRÁS DA CABEÇA; NUCA.

CIPÓ: PLANTA COM RAMOS LONGOS QUE PARECEM CORDAS.

CIPOAL: MATO EMARANHADO DE CIPÓS.

FATALIDADE: ACONTECIMENTO CRUEL, INFELIZ.

- Você gostou dessa fábula? Por quê?
- Há alguma palavra no texto cujo significado você não entendeu? Se sim, que palavra é essa?
- Na sua opinião, por que nenhum animal desamarrou a onça-rei do pé de jabuticaba?

CORRENDO PELA FLORESTA

OBSERVE A CENA. O QUE ESTÁ ACONTECENDO?

- Circule o animal que está em **primeiro** lugar na corrida.
- Marque um **X** no animal que está em **último** lugar na corrida.
- Qual dos animais foi mais **rápido** nessa partida? E qual foi o mais **lento**?

QUANTAS JABUTICABAS?

OBSERVE OS QUADROS A SEGUIR. QUE NÚMERO ESTÁ INDICADO EM CADA UM?

4

7

5

- Destaque as figuras da página 115 e observe-as. Você sabe que frutas são essas?
- Cole a quantidade correta de jabuticabas em cada quadro.
- Circule o número que representa a **maior** quantidade jabuticabas.

COMPARANDO ÁRVORES

NA SUA OPINIÃO, ESTAS TRÊS ÁRVORES SÃO IGUAIS? POR QUÊ?

- Circule de azul a árvore que tem o tronco mais **fino**.
- Circule de vermelho a árvore que tem o tronco mais **grosso**.
- Marque um **X** na árvore mais **baixa**.

CONTINUE A SEQUÊNCIA

OBSERVE AS FRUTAS EM CADA UMA DAS MESAS.

- Destaque as figuras da página 117 e observe-as.
- Cole as frutas que faltam de acordo com o padrão adotado em cada mesa.
- Explique para um colega como você decidiu que fruta colar em cada espaço.

DEZENA

QUANTOS BOLINHOS HÁ NA BANDEJA?

10 UNIDADES CORRESPONDEM A **UMA DEZENA**.

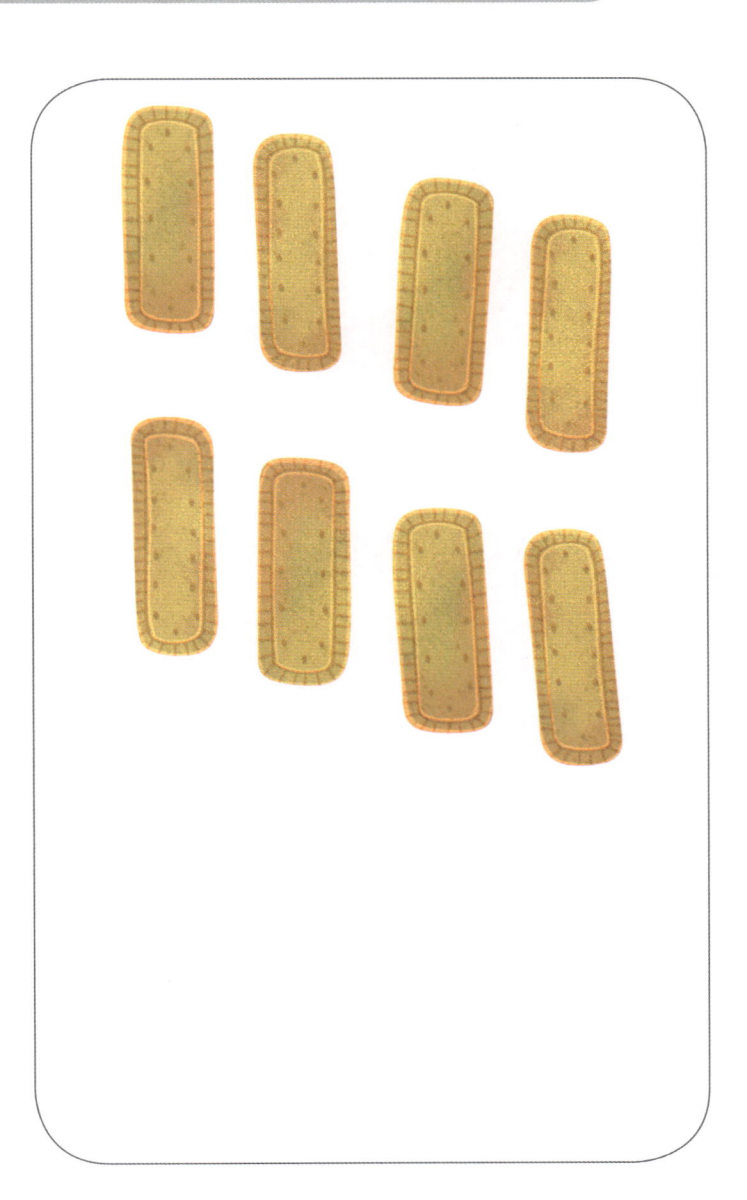

Em cada quadro, desenhe elementos do mesmo tipo até completar **uma dezena**.

A LETRA...

1. OUÇA O PROFESSOR DIZER O NOME DA LETRA ABAIXO. OBSERVE A FORMA DESSA LETRA.

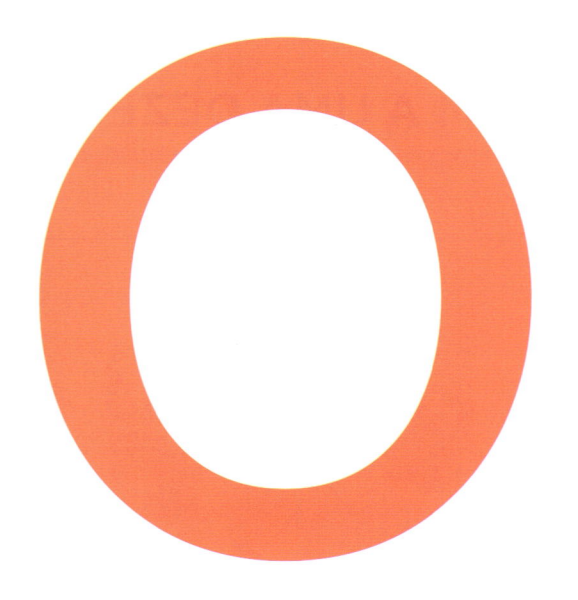

O

OVELHA

2. DIGA O NOME DAS FIGURAS A SEGUIR.

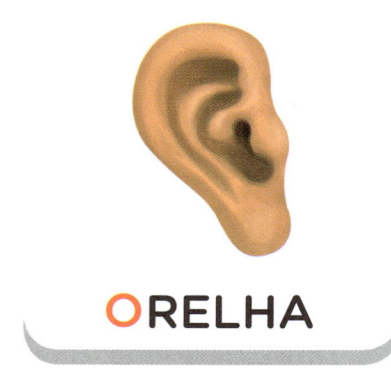

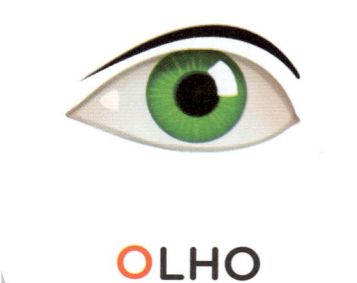

ORELHA

OLHO

OVO

ÔNIBUS

3. SIGA A SETA E CONTORNE A LETRA **O** COM O DEDO.

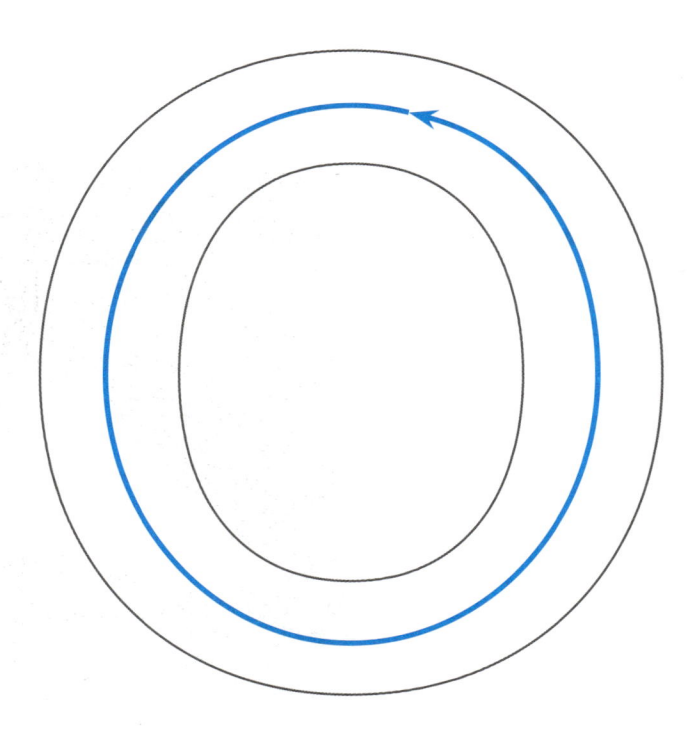

4. PENSE EM UM OBJETO CUJO NOME COMEÇA COM O SOM DA LETRA **O**. DEPOIS, DESENHE-O NO QUADRO ABAIXO.

UM BICHO PARA LÁ DE ESQUISITO

ACOMPANHE A LEITURA DE UM TEXTO INFORMATIVO.

PENSE EM UM MAMÍFERO TODO PELUDO, COMO UM RATO OU CACHORRO, MAS QUE TENHA BICO E PATAS DE PATO. O ANIMAL TAMBÉM DEVE SER VENENOSO E, PARA COMPLETAR, TEM QUE BOTAR OVOS. PODE SER DIFÍCIL DE ACREDITAR, MAS ESSE BICHO ESQUISITO EXISTE: É O ORNITORRINCO. JÁ OUVIU FALAR DELE? DÊ UMA OLHADA NA FOTO!

MARCELO GARCIA. PRIMO (MAIS) ESTRANHO. *CIÊNCIA HOJE DAS CRIANÇAS*. 14 NOV. 2013. DISPONÍVEL EM: <http://chc.org.br/primo-mais-estranho/>. ACESSO EM: 23 ABR. 2021.

O ORNITORRINCO É UM MAMÍFERO PARA LÁ DE ESQUISITO QUE VIVE EM UMA PEQUENA ÁREA DA AUSTRÁLIA.

ORNITORRINCO

- Sobre qual animal trata o texto informativo? Com quais animais o texto diz que ele pode parecer?
- Observe a palavra escrita no quadro. Você sabe que palavra é essa? Converse a respeito com os colegas.
- Pinte a letra **O** todas as vezes em que ela aparece na palavra do quadro.

RUMO AO TERMINAL

SIGA A SETA E TRACE O CAMINHO QUE LEVA O ÔNIBUS DE VOLTA AO TERMINAL.

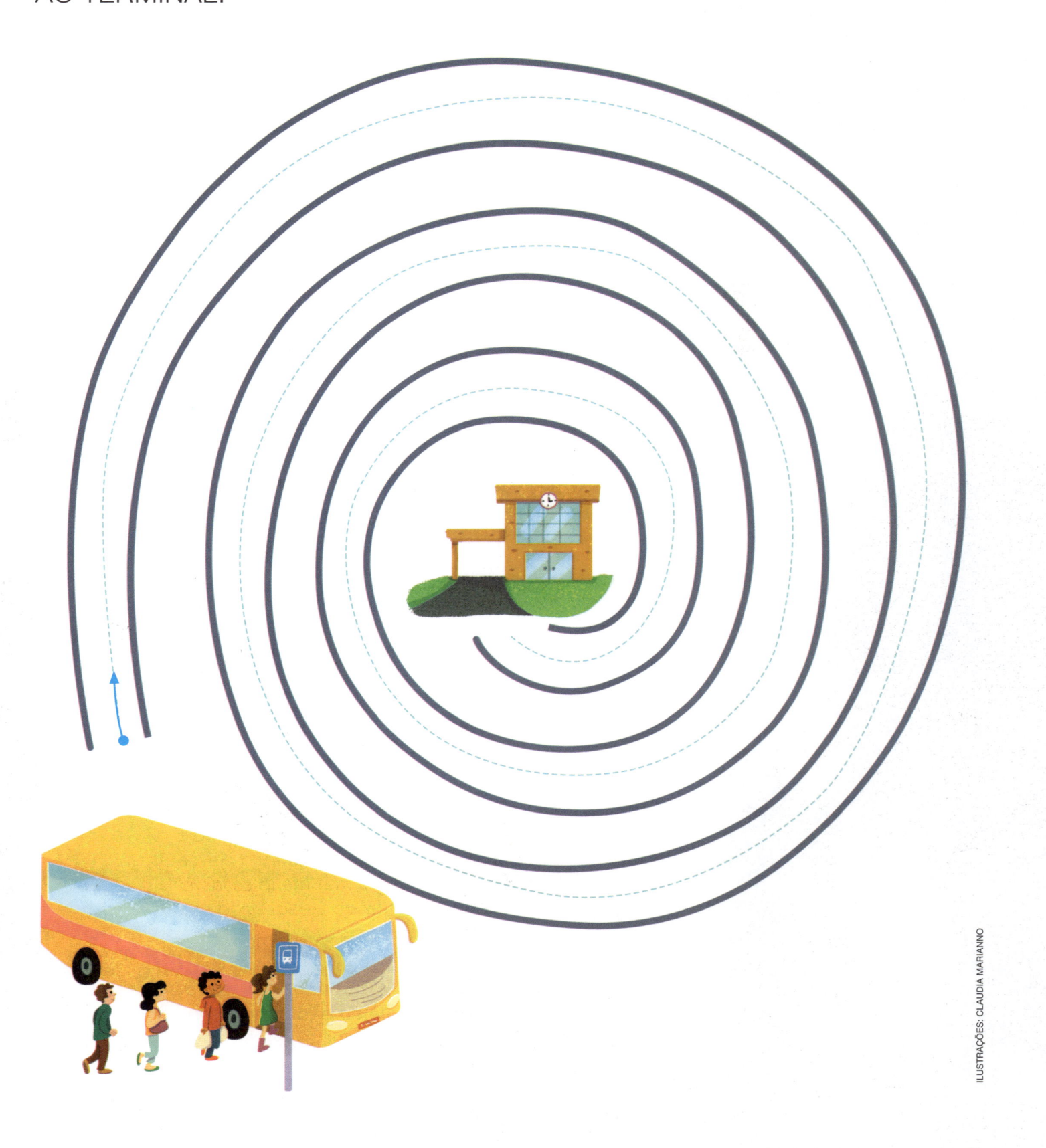

Qual é a primeira letra do nome desse meio de transporte?

UNIDADE 8

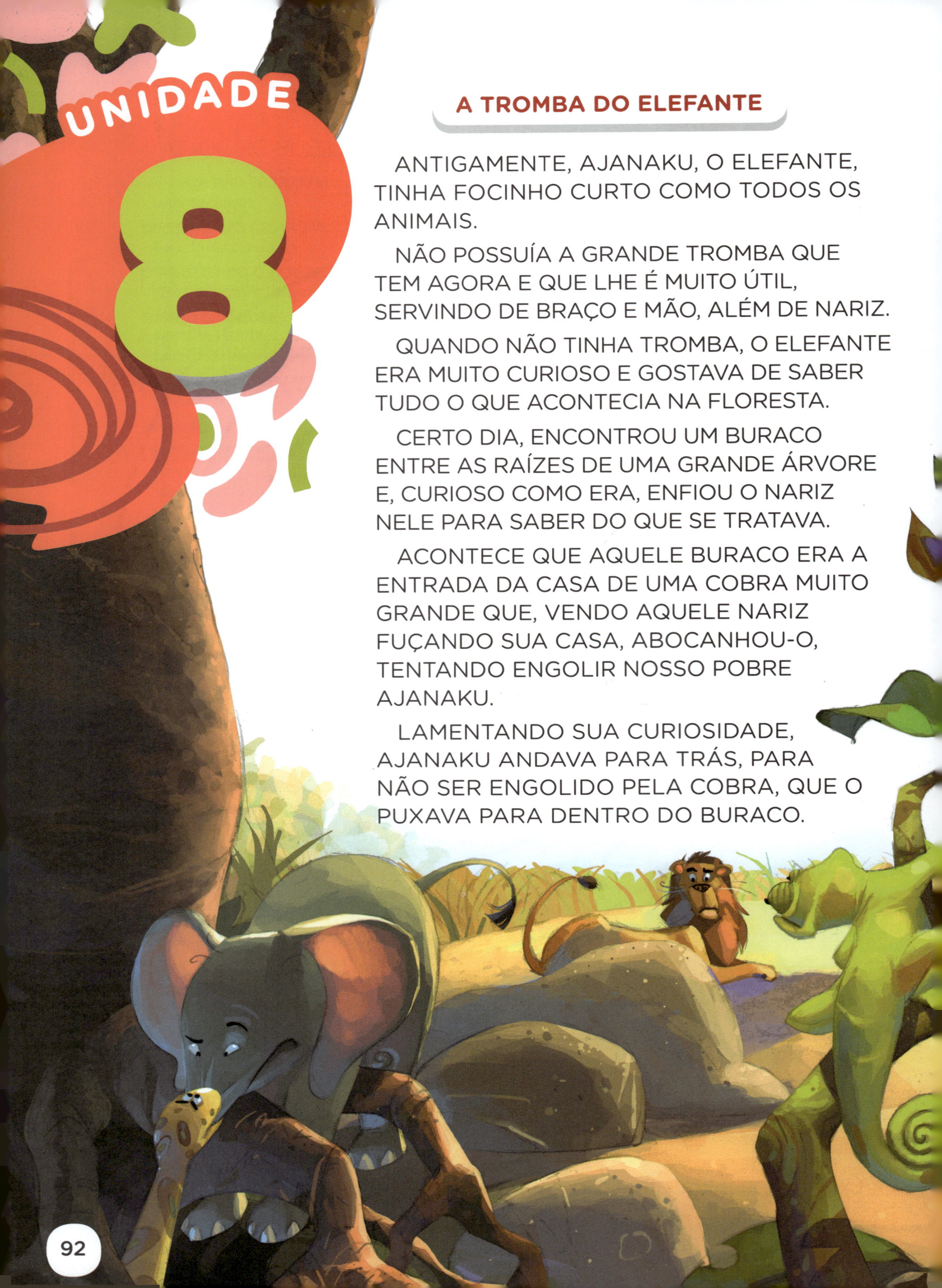

A TROMBA DO ELEFANTE

Antigamente, Ajanaku, o elefante, tinha focinho curto como todos os animais.

Não possuía a grande tromba que tem agora e que lhe é muito útil, servindo de braço e mão, além de nariz.

Quando não tinha tromba, o elefante era muito curioso e gostava de saber tudo o que acontecia na floresta.

Certo dia, encontrou um buraco entre as raízes de uma grande árvore e, curioso como era, enfiou o nariz nele para saber do que se tratava.

Acontece que aquele buraco era a entrada da casa de uma cobra muito grande que, vendo aquele nariz fuçando sua casa, abocanhou-o, tentando engolir nosso pobre Ajanaku.

Lamentando sua curiosidade, Ajanaku andava para trás, para não ser engolido pela cobra, que o puxava para dentro do buraco.

— SOCORRO! — GRITAVA AJANAKU DESESPERADO, SENTINDO QUE NÃO IA CONSEGUIR SE LIVRAR DA GRANDE COBRA.

OUVINDO SEUS GRITOS, MUITOS ANIMAIS VIERAM EM SEU SOCORRO E, SEGURANDO EM SEU RABO, PUXARAM COM FORÇA PARA LIVRÁ-LO DA COBRA.

NÃO FOI FÁCIL, MAS FINALMENTE CONSEGUIRAM SALVAR NOSSO AMIGO QUE, DE TANTO PUXAR, TEVE SEU NARIZ ESTICADO E TRANSFORMADO NA TROMBA QUE AGORA POSSUI.

NO INÍCIO, AJANAKU, ENVERGONHADO DE SUA NOVA E ESTRANHA APARÊNCIA, FICOU ESCONDIDO DENTRO DA FLORESTA.

COM O TEMPO, APRENDEU A USAR A TROMBA COM MUITA HABILIDADE, DA FORMA COMO FAZEM TODOS OS ELEFANTES ATUALMENTE. SATISFEITO, VOLTOU AO CONVÍVIO DOS OUTROS BICHOS.

UM DIA, O MACACO, QUE GOSTA DE IMITAR TODO MUNDO, FOI ENFIAR O NARIZ NO BURACO, PARA VER SE CRIAVA UMA TROMBA IGUAL À DO ELEFANTE. A COBRA, QUE AINDA MORAVA NO MESMO LUGAR, ENGOLIU O MACACO INTEIRINHO, COM MUITA FACILIDADE.

É POR ISSO QUE, MESMO SENTINDO INVEJA, NENHUM BICHO NUNCA MAIS TENTOU IMITAR O ELEFANTE PARA FICAR COM UMA TROMBA IGUAL À DELE.

ADILSON MARTINS. A TROMBA DO ELEFANTE. *O PAPAGAIO QUE NÃO GOSTAVA DE MENTIRAS E OUTRAS FÁBULAS AFRICANAS*. RIO DE JANEIRO: PALLAS, 2008. P. 13.

GLOSSÁRIO

ABOCANHAR: SEGURAR COM A BOCA.
DESESPERADO: AFLITO, PREOCUPADO.
LAMENTAR (ALGO): ARREPENDER-SE DE ALGO; CHORAR POR ALGUM MOTIVO.

- Você gostou dessa fábula? O que você entendeu?
- Há alguma outra palavra na fábula cujo significado você não entendeu? Se sim, que palavra é essa?
- Você se lembra de alguma situação em que recebeu a ajuda de alguém para sair de uma enrascada?

AJANAKU PRECISA DE AJUDA!

O QUE VOCÊ VÊ NESTA CENA? O QUE OS CAMALEÕES ESTÃO FAZENDO?

- Observe os camaleões e pinte os que estão em branco continuando a sequência de cores.
- Quais animais da cena aparecem em **maior** quantidade?
- Quais animais aparecem em **menor** quantidade?

94

CAMALEÃO

BRINQUE DE **CAMALEÃO** COM SEUS COLEGAS E DIVIRTA-SE!

OLHA O CAMALEÃO!
OLHA O RABO DELE!
SEGURA COM FIRMEZA,
SENÃO ELE CAI.
VOU CHAMAR O MEU AMIGO
PARA ME AJUDAR.

DA TRADIÇÃO POPULAR.

| 1 | 2 | 3 | 4 | 5 | 6 | 7 | 8 | 9 | 10 |

- Observe a cena. Quantas crianças estão brincando de **Camaleão**?
- Quantas crianças estão formando o rabo do camaleão? Pinte o número que representa essa quantidade na sequência numérica.
- Há uma quantidade **menor** de crianças em pé ou sentadas?

DIREITA E ESQUERDA

O PROFESSOR ESTÁ DIVIDINDO A TURMA EM EQUIPES. DESTAQUE AS CRIANÇAS DA PÁGINA 119 E OBSERVE-AS.

- Cole as crianças vestidas de vermelho à **direita** do professor.
- À **esquerda** do professor, cole as crianças vestidas de azul.
- Circule o objeto que está **longe** do professor. Depois, faça um **X** no objeto que está **perto** do professor.

QUANTAS BOLAS?

OBSERVE OS NÚMEROS A SEGUIR E PINTE A QUANTIDADE DE BOLAS QUE CADA UM DELES REPRESENTA.

1
3
5
7
9

- Circule o número que representa a **menor** quantidade de bolas.
- Agora, desenhe no quadro a quantidade de bolas que corresponde a **uma dezena**.

A LETRA...

1. OUÇA O PROFESSOR DIZER O NOME DA LETRA ABAIXO. OBSERVE A FORMA DESSA LETRA.

U

URUBU

2. DIGA O NOME DAS FIGURAS A SEGUIR.

URSO

UVA

UNICÓRNIO

UNHA

ILUSTRAÇÕES: CLAUDIA MARIANNO

98

3. SIGA A SETA E CONTORNE A LETRA **U** COM O DEDO.

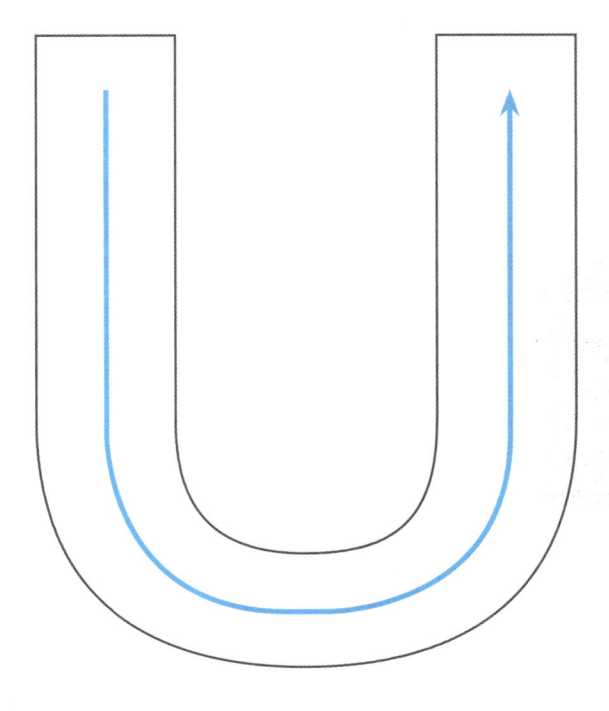

4. PENSE EM UM OBJETO CUJO NOME COMEÇA COM O SOM DA LETRA **U**. DEPOIS, DESENHE-O NO QUADRO ABAIXO.

ENCONTRE A LETRA U

OBSERVE AS PALAVRAS ESCRITAS NESTA PÁGINA. VOCÊ SABE QUE PALAVRAS SÃO ESSAS? CONVERSE A RESPEITO COM OS COLEGAS.

URNA

TUIUIÚ

BERIMBAU

Pinte a letra **U** todas as vezes em que ela aparece nas palavras acima.

DE VOLTA AO NINHO

SIGA A SETA E TRACE O CAMINHO QUE LEVA A MAMÃE URUBU DE VOLTA AO NINHO.

Qual é a primeira letra do nome desse animal?

REFERÊNCIAS BIBLIOGRÁFICAS

BRASIL. *BASE NACIONAL COMUM CURRICULAR*: EDUCAÇÃO INFANTIL E ENSINO FUNDAMENTAL. BRASÍLIA: MEC/SECRETARIA DE EDUCAÇÃO BÁSICA, 2018. DISPONÍVEL EM: <http://basenacionalcomum.mec.gov.br/images/BNCC_EI_EF_110518_versaofinal_site.pdf>. ACESSO EM: 23 ABR. 2021.

BRASIL. *DIRETRIZES CURRICULARES NACIONAIS PARA A EDUCAÇÃO INFANTIL*. BRASÍLIA: MEC/SECRETARIA DE EDUCAÇÃO BÁSICA, 2010.

BRASIL. *LEI DE DIRETRIZES E BASES DA EDUCAÇÃO NACIONAL*. LEI Nº 9.394, DE 20 DE DEZEMBRO DE 1996. BRASÍLIA, 1996. DISPONÍVEL EM: <http://www.planalto.gov.br/ccivil_03/leis/l9394.htm>. ACESSO EM: 23 ABR. 2021.

BRASIL. *PNA*: POLÍTICA NACIONAL DE ALFABETIZAÇÃO. BRASÍLIA: MEC/SECRETARIA DE ALFABETIZAÇÃO, 2019. DISPONÍVEL EM: <http://portal.mec.gov.br/images/banners/caderno_pna_final.pdf>. ACESSO EM: 23 ABR. 2021.

CAGLIARI, L. C. *ANÁLISE FONOLÓGICA*: INTRODUÇÃO À TEORIA E À PRÁTICA, COM ESPECIAL DESTAQUE PARA O MODELO FONÊMICO. CAMPINAS/SP: MERCADO DAS LETRAS, 2002.

CAPOVILLA, A. G. S.; GÜSTSCHOW, C. R. D.; CAPOVILLA, F. C. HABILIDADES COGNITIVAS QUE PREDIZEM COMPETÊNCIA DE LEITURA E ESCRITA. *PSICOLOGIA*: TEORIA E PRÁTICA, 2004. V. 6, N. 2, P. 13-26. DISPONÍVEL EM: <http://pepsic.bvsalud.org/pdf/ptp/v6n2/v6n2a02.pdf>. ACESSO EM: 23 ABR. 2021.

DEHAENE, S. *OS NEURÔNIOS DA LEITURA*: COMO A CIÊNCIA EXPLICA A NOSSA CAPACIDADE DE LER. TRADUÇÃO: LEONOR SCLIAR-CABRAL. PORTO ALEGRE: PENSO, 2012.

SCLIAR-CABRAL, L. *SISTEMA SCLIAR DE ALFABETIZAÇÃO*: FUNDAMENTOS. FLORIANÓPOLIS: LILI, 2013.

VIGOTSKI, L. S. *A FORMAÇÃO SOCIAL DA MENTE*: O DESENVOLVIMENTO DOS PROCESSOS PSICOLÓGICOS SUPERIORES. TRADUÇÃO: JOSÉ CIPOLLA NETO *ET AL*. 7. ED. SÃO PAULO: MARTINS FONTES, 2007.

MATERIAL DE APOIO

COMPOSIÇÃO

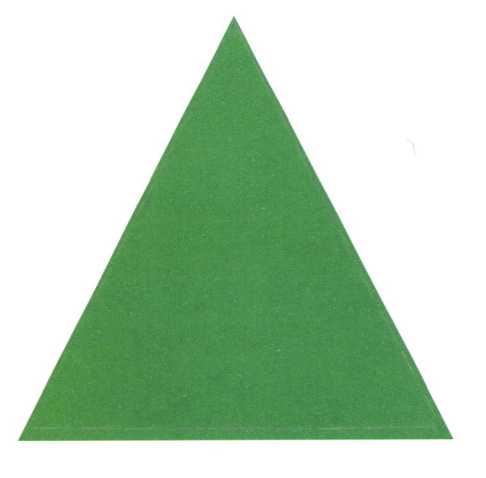

UNIDADE 2 • PÁGINA 30

QUENTE OU FRIO?

UNIDADE 3 • PÁGINA 38

DENTRO E FORA

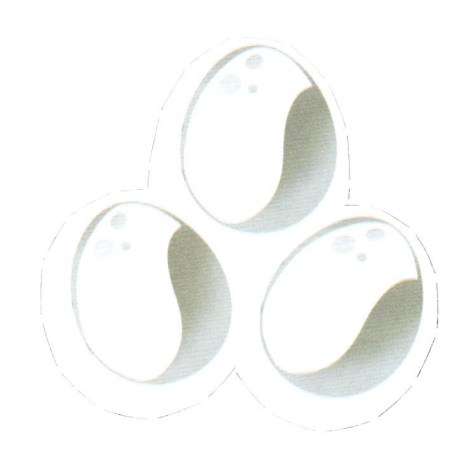

UNIDADE 4 • PÁGINA 50

PESADO E LEVE

UNIDADE 5 • PÁGINA 60

QUEBRA-CABEÇA

UNIDADE 5 • PÁGINA 62

QUANTAS JABUTICABAS?

UNIDADE 7 • PÁGINA 84

CONTINUE A SEQUÊNCIA

UNIDADE 7 • PÁGINA 86

117

DIREITA E ESQUERDA

UNIDADE 8 • PÁGINA 96

LETRAS MÓVEIS

A	B	C	D
E	F	G	H
I	J	K	L
M	N	O	P
Q	R	S	T
U	V	W	X

LETRAS MÓVEIS

Y	Z	A	B
C	D	E	F
G	H	I	J
K	L	M	N
O	P	Q	R
S	T	U	V

123

LETRAS MÓVEIS

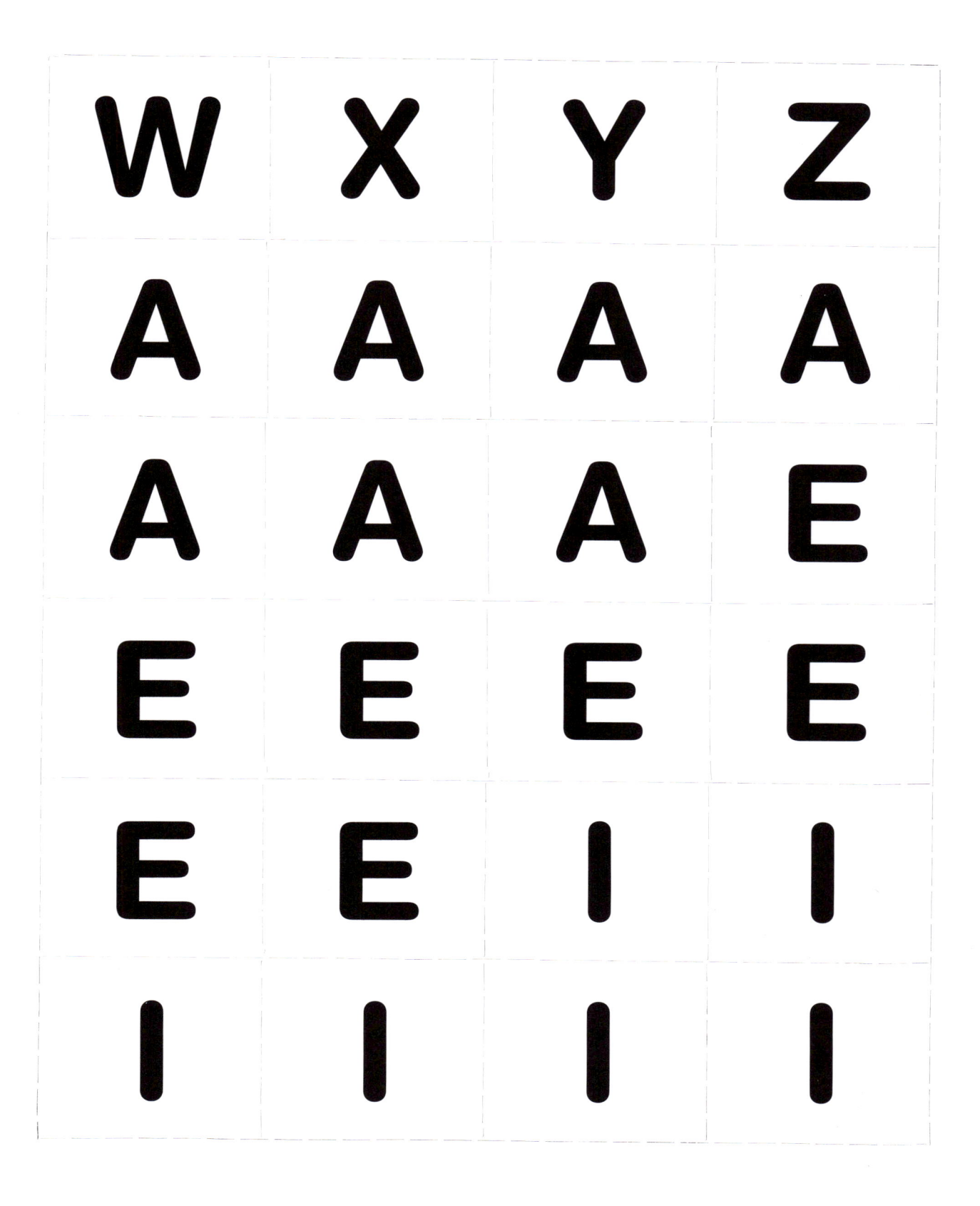

W	X	Y	Z
A	A	A	A
A	A	A	E
E	E	E	E
E	E	I	I
I	I	I	I

LETRAS MÓVEIS

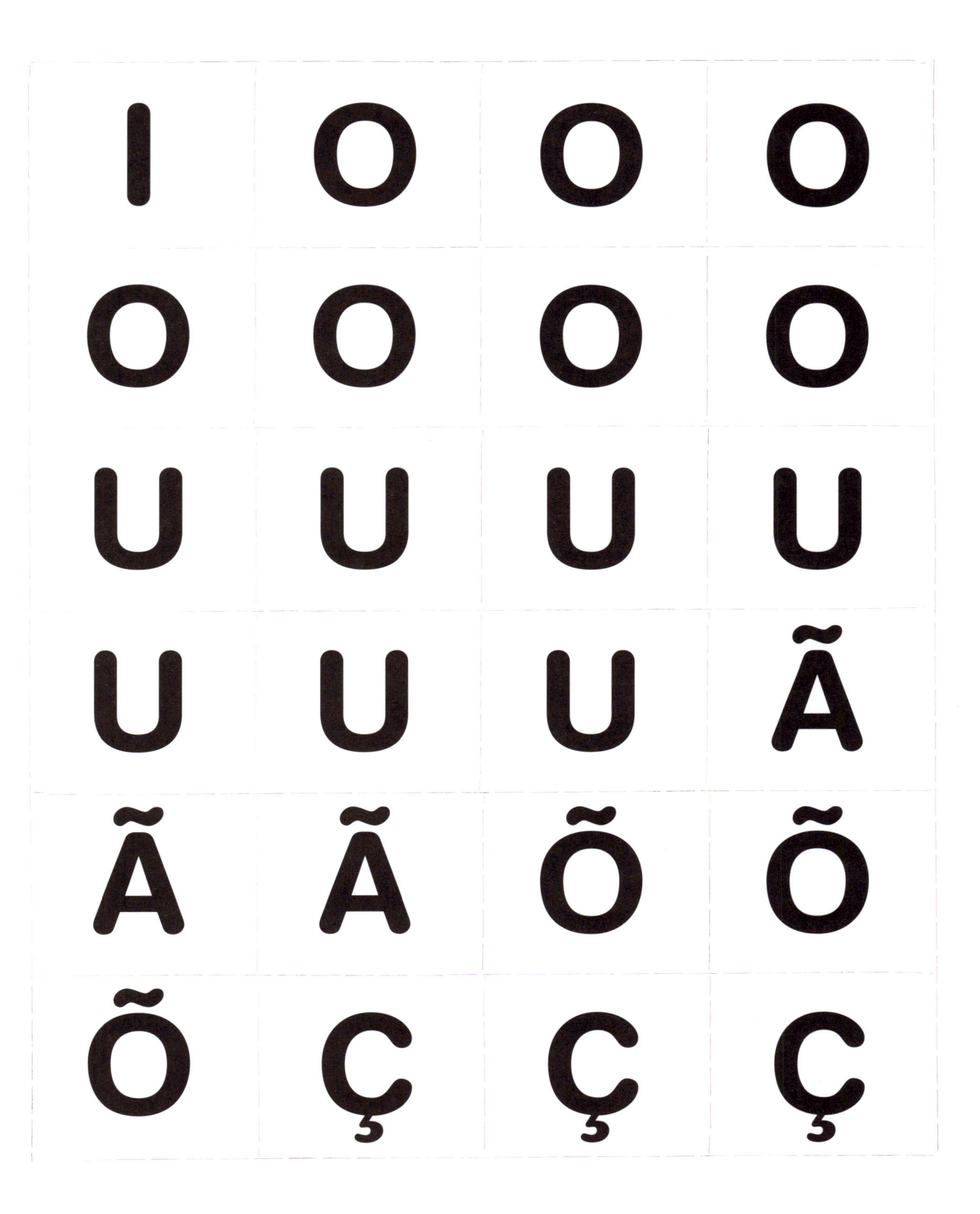

I	O	O	O
O	Õ	Õ	Õ
U	U	U	U
U	U	U	Ã
Ã	Ã	Õ	Õ
Õ	Ç	Ç	Ç